XIN RUZHI BANZHUREN
YOUXIAO BANJI
GUANLI YANJIU
——YI BAODING SHI
DISAN ZHONGXUE WEILI

新入职班主任有效班级管理研究

——以保定市第三中学为例

李军 著

北京理工大学出版社
BEIJING INSTITUTE OF TECHNOLOGY PRESS

内 容 简 介

新入职班主任有效班级管理是摆在每位新教师面前的最困难、最复杂、最重要的事情。虽然每位新入职的班主任已经在大学阶段学习了处理班级管理问题的基本知识，但是在实践层面上，刚从事班主任教育工作的新教师，缺乏有效班级管理方法，使得班级管理效率偏低。为此，如何进行有效班级管理就成了新入职班主任们的"当务之急"了。正是基于此点，本书以我校新入职班主任班级管理的现状作为切入点，深入分析和研究，从而总结其中的经验和不足，并探讨有效的解决方案和对策。具体而言，一方面可以激发师生个体对班级管理的参与热情，提高班级管理水平，对推动新一轮的课改有着较强的现实意义；另一方面，通过对班级管理的正思与反思，寻求新课改下有理念、有内涵、有活力的班级管理。

图书在版编目（CIP）数据

新入职班主任有效班级管理研究：以保定市第三中学为例 / 李军著 . —北京：北京理工大学出版社，2020.7

ISBN 978 – 7 – 5682 – 8821 – 7

Ⅰ.①新…　Ⅱ.①李…　Ⅲ.①中学 – 班主任工作 – 研究 ②中学 – 班级 – 学校管理 – 研究　Ⅳ.①G635.16 ②G632.421

中国版本图书馆 CIP 数据核字（2020）第 137714 号

出版发行 / 北京理工大学出版社有限责任公司

社　　址 / 北京市海淀区中关村南大街 5 号

邮　　编 / 100081

电　　话 / （010）68914775（总编室）

　　　　　（010）82562903（教材售后服务热线）

　　　　　（010）68948351（其他图书服务热线）

网　　址 / http：//www.bitpress.com.cn

经　　销 / 全国各地新华书店

印　　刷 / 保定市中画美凯印刷有限公司

开　　本 / 710 毫米 × 1000 毫米　1/16

印　　张 / 8.5　　　　　　　　　　　　　责任编辑 / 梁铜华

字　　数 / 89 千字　　　　　　　　　　　文案编辑 / 杜　枝

版　　次 / 2020 年 7 月第 1 版　2020 年 7 月第 1 次印刷　　责任校对 / 刘亚男

定　　价 / 39.00 元　　　　　　　　　　责任印制 / 李志强

前　言

习近平总书记在全国教育大会上指出："教师是人类灵魂的工程师，是人类文明的传承者，承载着传播知识、传播思想、传播真理，塑造灵魂、塑造生命、塑造新人的时代重任。""坚持把教师队伍建设作为基础工作。"在学校思想政治理论课教师座谈会上，习近平总书记强调："办好思想政治理论课关键在教师，关键在发挥教师的积极性、主动性、创造性。"这些重要论述，为新时代加强教师队伍建设指明了努力方向，为做好新时代立德树人工作提供了重要依据。

作为新时代的教育工作者，尤其作为新入职班主任，有效班级管理是摆在每位新教师面前的最困难、最复杂、最重要的事情。虽然每位新入职的班主任已经在大学阶段学习了处理班级管理问题的基本知识，但在实践层面上，他们缺乏有效班级管理方法，导致班级有效管理效率偏低。

为此，如何进行有效班级管理就成了新入职班主任们的当务之急了。基于此点，本书就新入职班主任班级管理的现状进行了深入分析和研究，对班级管理展开了正思与反思，总结其中的经验和不足并探讨有效的对策和解决方案。具体而言，一方面，可以激发师生个体对班级管理的参与热情，提高班级管理水平，对推动新一轮的课程改革有着较强的现实意义；另一方面，可以通过对班级管理的正思与反思寻求新课程改革下有理念、有内涵、有灵动、有活力的班级管理。

本书从新入职教师班级管理的现状着手进行分析，对三个年级的学生进行了问卷调查，通过分析数据总结出新入职班主任班级管理中存在的以下问题：新入职班主任注重常规管理，忽视能力培养；新教师缺乏班级管理的先进理论知识；班级管理以班主任为绝对权威；新班主任角色定位模糊……同时，针对所发现的问题，从新入职班主任管理能力欠缺、学校职前培训体系不完善、应试教育的影响、忽视学生心理健康等几方面寻找原因。最后，本书从新入职班主任重新自我定位、加强岗前培训、完善班干部培养、加强学生心理疏导等几个方面提出了有效班级管理的对策。

编者

目　　录

■ 1.1　研究的背景、问题的提出及研究的意义

1.1.1　研究的背景

习近平总书记在全国教育大会上指出，要努力构建"德智体美劳全面培养的教育体系"。班级是学校实施立德树人教育和管理的重要载体，同时，也是学校学生管理工作中的基础单位。学校的各项政策、措施的贯彻落实、校风与学风建设以及学生思想教育和管理工作的开展都以学生班级为阵地，而班主任是班级阵地的主导者。班主任存在的作用是在班级管理过程中，把握学生心理变化、学习感受及学习行为活动，以创造出各种有利条件，实现班级有效管理目标，促进学生的全面发展。

2019 年 3 月 18 日，习近平总书记明确指出"全面贯彻党的教育方针"，要想解决好"培养什么人、怎样培养人、为谁培养人"这个根本问题，关键在教师。新入职班主任能否有效管理班级，是其自身素质高低的重要体现。班级的有效管理对学生增长知识、提高技

能及自身的全面发展起着至关重要的作用。习近平总书记提出好老师的"四有"标准，即"有理想信念、有道德情操、有扎实学识、有仁爱之心"。《国家中长期教育改革和发展规划纲要（2010—2020年)》指出："促进学生全面而有个性的发展，加强对学生理想、心理、学业等的多方面指导；加强校长培训，重视辅导员和班主任培训。"

1.1.2　问题的提出

众所周知，学校各个部门的工作，几乎都离不开班主任。班主任不仅在对学生日常思想品德教育方面发挥着重要作用，更在对学生健康成长方面起着不可替代的指导作用。然而，在实际工作中，许多刚做班主任的年轻教师在班级管理上出现了许多问题，比如：

（1）新入职班主任注重常规管理，忽视能力培养；

（2）新教师缺乏班级管理的先进理论知识；

（3）班级管理以班主任为绝对权威；

（4）新班主任角色定位模糊。

出现上述现象的原因是什么？在新入职班主任的班级管理上那些长期在一线的班主任们还能给予哪些有效的帮助？

基于此，笔者选取"新入职班主任有效进行班级管理"作为研究课题。在充分肯定已有的班级管理研究成果的同时，冷静地看待新入职班主任在班级管理工作中存在的实际问题，以其为切入点，结合笔者在学校工作中当班主任时遇到的实际情况，找到相应的改进方法，进一步为新入职班主任有效进行班级管理提供有益帮助。

1.1.3 研究的意义

1.1.3.1 理论价值

班级管理一直是学界研究中的理论热点和难点。在当前整个教育界都在重视教育教学有效性研究的大背景下，笔者结合现代管理学的最新理论成果，对新入职班主任如何有效进行班级管理进行研究，希望能为理论界在这方面的研究提供实证性的研究材料。

1.1.3.2 应用价值

在班级管理工作中，大部分新入职班主任已经在大学学习中初步掌握了一些基本的管理知识，但是在面对如何有效班级管理的问题上，新入职班主任往往缺乏好的策略。如何进行有效的班级管理成为新入职班主任们迫切需要解决的问题，因此，在分析和研究我国当前新入职班主任班级管理现状的基础上，笔者对开展有效班级管理进行反思，希望从中发现不足，并探索出有效的解决方案。一方面，可以融洽师生之间的关系，正所谓"亲其师、信其道"，进而提高学习成绩；另一方面，通过对高中班级管理的反思，寻求新课改下有理念、有内涵、有活力的班级管理。为此，研究新入职班主任班级有效管理，可以在实践中促进新入职的班主任把班级管理的效度作为目标，反思自己在班级管理中的行为并总结经验，找寻科学有效的，同时又是具体可行性的过程操作模式，形成学生、新入职班主任和学校共同发展的多赢格局。

■ 1.2 概念界定及研究现状

1.2.1 概念界定

关于班级管理的内涵，中外学者没有统一的定义。目前，本研究通过大量文献的查阅，归纳出以下几种说法：

①以贺乐凡为代表的班级班主任引领和学生参与管理，从而形成共同奋斗目标，并在正确舆论、严密组织、丰富活动下完成有效管理；②以朱文雄为代表的"班级经营"说，强调班级管理中的自治自律。

在探讨班级管理的问题上，中外许多学者的研究为我们提供了较为全面的视角。综上所述，班级管理内涵为：以班主任为主导，以学生为主体，以班级为主要载体的管理活动。有效班级管理是指班主任的主导和学生、任课教师和家长等的参与；关注班主任、学生、任课教师和家长的互动；关注班级课堂管理的效率；关注班主任较好策略的使用以及教学目标的达成。总之，有效班级管理要让各种教育力量都积极参与，从而保证班级教学能够顺利进行，又可促进学生身心的全面发展。

1.2.2 研究现状

班主任是学校教育教学的骨干力量，各个国家各级教育主管部门历来重视班主任工作，因此，班主任工作的相关问题一直是学术界关注和研究的一个热点。笔者针对班主任有效进行班级管理的有关文献做了搜集、整理、分析和比较，在中国知网（CNKI）系列数据库——中国期刊全文数据库中共搜索出相关文章82篇，而专门从事研究"新入职班主任班级管理"相关的文章仅有14篇。目前，对新入职班主任班级管理的研究，主要集中在以下3个方面。

1.2.2.1 对新入职班主任特点的研究

初次担任班主任的教师面临的一个首要问题就是对"班主任"角色的适应问题。尤其是那些刚入职就担任班主任的年轻教师，他们有其自身的优点，同时，在角色转变上，也表现出明显的不足。对此，有学者认为，面对来自社会、学校、学生及其家长的方方面面的压力，初次担任班主任的教师首先要调整好自己的心态，把握好情绪，尽快适应环境，热爱本职工作，努力学习，提高自身威信，尽快进入"班主任"的角色中来。江苏如皋中学袁晓琳老师在《成长要趁早——写给新入职班主任的一封信》一文中指出："面对由台下到台上的角色转变，老师当年也和你一样，充满期待又怀揣不安。回首我的班主任生涯，由刚开始的自然成长到现在的有规划发展，收获颇丰，但也留下不少遗憾。我愿将我的体验和你分享，希望你在为师之路上少走一些弯路，更早、更好地成长。在此，我想告诉你三句话：①早定目标，规划人生；②学习储备，打牢底子；③营造氛围，行动起来。"

1.2.2.2 对新班主任成长、发展的研究

如何更快地使新班主任成长起来，胜任班主任的工作，是目前学术界和教育界研究的一个重点问题。对于新班主任的成长，目前的研究成果多集中在班主任自身的发展和学校、社会等外部环境创设推进

两个方面。

1.2.2.2.1 关于新班主任自身成长发展的研究

学者们普遍强调对班主任要加强培训，进行教育理论的学习。上海市闵行区教育学院贾永春在《刍议班主任培训体系》一文中对班主任培训进行了比较系统的阐述，提出建立培训体系，鼓励班主任走专业化之路，构建多形式多层次培训网络，对培训要在重点和质量上下功夫。

除教育培训外，学者们还强调教育科研对于新任班主任的重要性。宁夏大学教育学院郝振君在《通过教育科研有效促进教师专业成长》一文中指出："教育科研对于促进教师专业成长具有重要的意义，是实现人生和职业价值的基本途径。许多优秀班主任都注重积累资料，注重总结经验，高度重视教育科研，做科研型教师。"

此外，还有学者就班主任应具备的个人品质进行了探讨。我国著名教育家魏书生先生在所著《班主任工作漫谈》一书中指出："班主任要努力改变自我，少埋怨环境，提高笑对人生的能力。班主任要用高雅的道德情操——道德魅力和合理的知识结构——知识魅力影响学生。这也是作为一个优秀班主任所必须具备的素质。"

1.2.2.2.2 关于外部环境对新班主任成长作用的研究

学者们探讨的外部环境主要指教育行政部门和学校领导。有学者提出，教育行政部门和学校要做到"用人不疑，疑人不用"，特别是面对不懂得教育规律的学生家长，学校要能做新入职班主任的"挡箭牌"和"保护伞"，对新入职班主任的成长要有耐心，更要有信心。

1.2.2.3 第三，对新入职班主任有效进行班级管理的研究

新入职班主任不会带班的问题，是普遍存在的一个问题。除了新担任班主任的教师要具备的素质以外，采用何种有效的管理方法，也是学者们所关注的重要问题。对此，学者和广大一线中小学班主任也积极投入到班主任工作的研究中去，取得了不少有价值的研究成果。研究者普遍认为，新入职班主任就其自身的优势和不足之处，如何扬长避短管理好班级，处理好与学生的关系，是应该努力探讨的问题。全国十佳班主任田丽霞老师撰文指出："新入职的班主任，第一，要抱有一个信念——我行；第二，要培养一个习惯——思考；第三，要管好一个自己——情绪；第四，要认准一个定律——勤奋；第五，要端正一个态度——虚心；第六，要把握一个原则——公正；第七，要选准一个视角——欣赏；第八，要坚守一个支点——真诚。"

此外，还有学者通过国外对初任教师教育培养的经验进行了研究，以期提供比较和借鉴。美国是世界上最早实施初任教师入职教育的国家之一。1963 年，科南特发表的《美国师范教育》标志着新入职教师的入职教育在美国正式开始。此后，各州积极开展新入职教师的入职培训活动，入职教育逐步走向成熟。比如，有学者在对美国初任教师入职教育历史发展与具体实施进行分析的基础上，以美国威斯康星州的教师入职指导计划为例，探究入职教育实施的有效途径——导师制，阐明在初任教师入职教育中不但应帮助其个人成长和专业发展，也应关注和指导其专业发展。

现有的研究成果为今后的研究和实践起了先导、示范、支撑和借鉴作用，也为本研究奠定了良好的理论基础。纵观现有研究成果，不

难发现，对新入职班主任如何有效进行班级管理，更多的是从理论上进行阐述的，而从实践上提供有效的经验和启示方面还略显不足，这也为本研究提供了更广阔的空间。鉴于此，笔者主要想结合本人工作学校自身的特点，以保定市第三中学（以下简称"保定三中"）的班主任作为研究对象，总结他们成长的经验，进而为新入职班主任能有效进行班级管理提供一个更好的借鉴模式。

■ 1.3 研究内容和方法

1.3.1 研究内容

研究者从不同角度、不同层面对已有研究成果归纳总结，并进行探讨和研究，为本研究的进一步深入提供了借鉴。在已有研究成果的基础上，希望在以下 4 个方面进一步推进此问题的研究。

①在通过大量阅读前人研究成果的基础上，明确新入职班主任有效班级管理的内涵，进而以如何达到班级管理有效性为目标，进行新入职班主任管理理念和管理过程操作方式的研究。

②运用访谈和调查问卷的方式对新入职班主任有效班级管理情况进行调查。

③针对这一现状的成因分析，得出新入职的班主任普遍缺乏管理经验；在新课程改革（以下简称"新课改"）的背景下，新课程的理念与班主任现实行为方式的游离，班主任运用传统和经验的班级管理模式，已满足不了学生全面发展的要求，甚至会阻碍学生的全面发展。

④为新入职班主任有效班级管理提供策略：针对现状，努力为新入职的班主任构建使学生获得全面成长的班主任管理的基本策略。

1.3.2 研究思路与路径

爱因斯坦说过："提出一个问题往往比解决一个问题更重要。"笔者在这次与导师交流、讨论论文选题的过程中也真正地体会到了这句话的真谛。自2012年7月参加在职教育硕士学习以来，我一直坚持不懈地在寻找有意义的研究课题。正如陈向明老师在《质的研究方法与社会科学研究》一文中提到的："'所谓有意义的问题'起码有两种含义，一是研究者对该问题确实不了解，希望通过此项研究对其进行认真的探讨；二是问题所涉及的地点、时间、任务和事件在现实生活中确实存在，对被研究者来说具有实际的意义，是他们真正关心的问题。"为此，在研究中，首先，围绕选题检索相关文献，并对其进行筛选，整理出有关新入职班主任班级管理方面的理论或原理作为论文的支撑；其次，以保定三中高中新入职班主任的班级管理现状为切入点，通过调查问卷、访谈的方法全面了解新入职班主任在班级管理中的困惑和亟待解决的问题，并分析所存在问题的原因；最后，在此基础上，结合本人多年带班的实际经验，运用案例的方法，对新入职班主任的班级管理提出有效性的建议及策略。

1.3.3 研究方法

1.3.3.1 文献研究法

文献研究法主要指搜集、鉴别、整理文献，并通过对文献的研究，形成对事实科学认识的方法。本文将参阅大量有关研究新入职班主任班级管理的教育理论和教改发展动态，特别是班级管理、教育教学有效性的有关理论，使人们对新入职班主任班级管理有一个更清晰的认识。

1.3.3.2　问卷调查法

问卷调查法就是用书面形式间接搜集研究材料的一种调查手段，是通过向被调查者发出简明扼要的征询单（表），请示填写对有关问题的意见和建议来间接获得材料和信息的一种方法。为了更好地了解新入职班主任的班级管理理念和高中生对新入职班主任的态度，笔者在指导教师帮助下，特以本校高中教师和学生为调查对象，进行问卷调查。通过对问卷的分析和归纳，整理出新入职班主任班级管理中的问题，为有针对性地提出改进措施提供依据。

1.3.3.3　访谈法

访谈法是指通过访谈员和受访人面对面地交谈来了解受访人的心理和行为的心理学基本研究方法。在该研究中，访谈法是针对问卷调查中无法得到、无法量化的信息的一个补充，访谈的内容为新入职班主任班级管理中存在的问题及解决对策，为研究的进一步开展提供了事实依据。

伴随着成长，青春期学生在生理和心理上都发生着较大的变化。有效班级管理也成为所有新入职班主任最关心的问题。班级管理中存在怎样的问题？如何进行有效的班级管理？如何激发学生在班级管理中的积极性？班主任应采取什么样的管理模式？这些都已成为新入职班主任极力思考和探索的目标。

■ 2.1 调查问卷的设计、发放与回收

2.1.1 调查问卷的设计

班主任的班级管理方式对学生智育和德育的发展起着重要的作用，有着潜移默化的影响。本研究在与新入职班主任的交流中发现，绝大多数新入职班主任在班级管理中越来越有这样的体会：一方面，学生越来越难管理；另一方面，来自社会、家长、学校的压力越来越大。班级管理过程中，对于新入职班主任来说，最难把握的是"度"。若看到学生有问题但不管，则违背了教师的职业道德；若管多了，则学生意见又很大，因此，很多班主任形容自己在管理学生时"如履薄

冰"。同样，在班级管理中有困惑的不仅仅是班主任，还有学生。学生总是抱怨老师不理解他们、和老师沟通有困难，等等。为了解新入职班主任班级管理中的困惑和学生对班主任班级管理的想法，本研究先后对保定三中三个年级的新入职班主任（3年内）和学生进行了访谈，选取了共计16个班的新入职班主任和学生进行了访谈和问卷调查。这些资料给本研究提供了很多帮助。

高中班级有效管理研究的调查问卷（附录2）涉及新入职班主任对班级管理方面的认识与方法的调查，高中生对班级管理方式的调查，等等。

2.1.2 调查问卷的发放与回收

2.1.2.1 调查对象的选择

为了全面细致地了解高中新入职班主任班级管理的情况，本次调查选取了保定三中高一6个有新入职班主任班级的学生，高二5个有新入职班主任班级的学生，高三5个有新入职班主任班级的学生为调查总体，采取分层抽样的方法选取调查对象，而且充分考虑了学生的年级层次，有效提高了调查对象的代表性。本次调查的形式，主要有问卷法和访谈法。调查样本的比例见表2-1。

表 2-1 保定三中新入职班主任班级管理现状调查问卷样本分布

年级	高一	高二	高三
高中生总人数/人	385	288	203
被调查人数/人	120	100	85
占百分比/%	31.2	34.7	40.8

2.1.2.2　调查问卷的发放与回收

关于高中新入职班主任班级管理的调查问卷（附录 1），共随机选取保定三中高中三个年级的 305 名学生，发放问卷 305 份，回收有效问卷 300 份，有效回收率为 98.4%。其中高一有 119 份，高二有 100 份，高三有 81 份。

针对学生的调查问卷情况所反映出来的问题，我们不得不反思，什么样的班级管理才是最有利于学生发展的？什么样的班级才是学生喜欢的？本研究从新入职班主任基本情况调查入手，通过对新入职班主任日常管理情况、新入职班主任班干部管理、新入职班主任师生关系三个维度进行调查，以了解高中新入职班主任在班级管理方面的现状。调查统计结果见表 2-2 至表 2-7，针对问卷中发现的问题本研究给出以下分析。

表 2-2　新入职班主任班级管理基本情况调查统计

调查问题		选项所占百分比/%	选项所占百分比/%	选项所占百分比/%	选项所占百分比/%
1. 每天早晨班主任督促作业、值日情况？	高一	A. 89. 3	B. 1. 7	C. 9	D. 0
	高二	A. 75. 0	B. 20. 0	C. 5. 0	D. 0
	高三	A. 56. 0	B. 21. 0	C. 23. 0	D. 0
2. 课间时班主任进班情况？	高一	A. 81. 0	B. 13. 0	C. 4. 0	D. 2
	高二	A. 88. 0	B. 5. 0	C. 6. 0	D. 1. 0
	高三	A. 90. 0	B. 4. 1	C. 3. 9	D. 2. 0
3. 课间自习时班主任的到班情况？	高一	A. 3. 0	B. 3. 0	C. 94. 0	D. 0
	高二	A. 2. 0	B. 1. 0	C. 96. 0	D. 1. 0
	高三	A. 6. 0	B. 1. 0	C. 93. 0	D. 0

调查问题		选项所占百分比/%	选项所占百分比/%	选项所占百分比/%	选项所占百分比/%
4. 晚自习前（不含班主任的晚自习），你的班主任老师是否经常到班检查出席情况？	高一	A. 87.0	B. 3.0	C. 10.0	
	高二	A. 92.0	B. 8.0	C. 0	
	高三	A. 86.0	B. 11.0	C. 3.0	
5. 卫生大清扫时，你的班主任老师在吗？	高一	A. 80.0	B. 0	C. 20.0	
	高二	A. 82.0	B. 0	C. 18.0	
	高三	A. 86.0	B. 0	C. 14.0	
6. 你很在意班主任老师是否到班吗？	高一	A. 90.0	B. 0	C. 10.0	
	高二	A. 85.0	B. 0	C. 5.0	
	高三	A. 87.0	B. 3.0	C. 10.0	

问题 1-6 是新入职班主任日常管理情况——关于班主任到班情况的调查，从表 2-2 中不难发现，三个年级新入职班主任都能"紧跟班"，学生对于班主任的跟班情况大多数满意。笔者在实际工作中观察到新入职班主任大多工作热情高，每天早晨、课间、晚自习前、大扫除时都能看到班主任的身影。但多数新入职班主任不理解"紧跟班"的目的是及时发现并解决问题，要"跟到位"。这一点从问题 3 可以反映出来：新入职班主任对于班内的事情总结不及时或观察不出来，洞察问题的能力亟待提高。

表 2-3　新入职班主任班级管理基本情况调查统计

调查问题		选项所占百分比/%	选项所占百分比/%	选项所占百分比/%	选项所占百分比/%
7. 你认为你们班自习纪律如何？	高一	A. 10	B. 12	C. 12	D. 66
	高二	A. 6	B. 5	C. 15	D. 74
	高三	A. 8	B. 2	C. 13	D. 77
8. 你认为你们班卫生状况如何？	高一	A. 14	B. 23	C. 63	D. 0
	高二	A. 6	B. 25	C. 69	D. 0
	高三	A. 2	B. 22	C. 76	D. 0
9. 你对你们班班委会是否健全以及凝聚力和工作能力评价如何？	高一	A. 10	B. 13	C. 73	D. 4
	高二	A. 2	B. 8	C. 79	D. 1
	高三	A. 2	B. 22	C. 75	D. 1
10. 你对你们班班主任的班级常规管理（班干部维持纪律、卫生值日、作业检查等）制度落实情况评价如何？	高一	A. 4	B. 13	C. 83	
	高二	A. 2	B. 8	C. 79	
	高三	A. 6	B. 20	C. 74	
11. 你认为你们班班主任对"学风、班风"整顿中违纪的学生处理如何？	高一	A. 80	B. 13	C. 4	D. 3
	高二	A. 78	B. 15	C. 6	D. 1
	高三	A. 90	B. 4	C. 4	D. 2

　　问题 7-11 关于班级状况情况调查，从问题 7 和 8 中可以看出与新入职班主任"紧跟班"形成的鲜明对比，所带班级学生在卫生、纪律方面自律与他律不能有机统一，班主任在与不在时的反差很大。从问题 10 和 11 中可以看出对于班级管理方面有制度，没落实；对于违纪学生的处理方面"心有余而力不足"，这充分说明了新入职班主任工作方法欠妥。

表 2-4 新入职班主任班级管理基本情况调查统计

调查问题		选项所占 百分比/%	选项所占 百分比/%	选项所占 百分比/%	选项所占 百分比/%
12. 你认为你的班主任老师将班级工作的重点放在哪里？	高一	A. 79	B. 10	C. 8	D. 3
	高二	A. 71	B. 20	C. 9	D. 0
	高三	A. 86	B. 11	C. 3	D. 0
13. 班主任在班风建设上的做法是什么？	高一	A. 12	B. 25	C. 55	D. 8
	高二	A. 11	B. 23	C. 63	D. 3
	高三	A. 8	B. 11	C. 79	D. 2
14. 班主任对班内暴露出来的集中问题如何处理？	高一	A. 2	B. 90	C. 8	D. 0
	高二	A. 3	B. 95	C. 2	D. 0
	高三	A. 0	B. 98	C. 2	D. 0
15. 在班级荣誉及班级间友好竞争的问题上班主任如何处理？	高一	A. 88	B. 10	C. 2	D. 0
	高二	A. 92	B. 6	C. 2	D. 0
	高三	A. 93	B. 5	C. 2	D. 0

问题 12-15 关于班级管理情况，从问题 12 中可以看出新入职班主任班级管理上重学习，管理内容片面化，方法单一。笔者所在高中是一所省级示范性重点高中，调查情况与实际工作中情况相符，班主任往往忽视学生除学习之外其他能力的培养，这是应试教育的后遗症。从问题 13、14 和 15 中可以看出新入职班主任在班风建设、问题解决上方法欠缺，能力不足。

表 2-5 新入职班主任班级管理基本情况调查统计

调查问题		选项所占 百分比/%	选项所占 百分比/%	选项所占 百分比/%	选项所占 百分比/%
16. 对于班干部的产生，你们班的方式是什么？	高一	A. 8	B. 90	C. 2	D. 0
	高二	A. 10	B. 85	C. 5	D. 0
	高三	A. 9	B. 84	C. 7	D. 0

续表

调查问题		选项所占 百分比/%	选项所占 百分比/%	选项所占 百分比/%	选项所占 百分比/%
17. 你们班班主任 在班级管理中是否安 排了学生干部协助值 日检查?	高一	A. 11	B. 13	C. 76	
	高二	A. 13	B. 10	C. 77	
	高三	A. 11	B. 9	C. 80	
18. 你们班级里班 主任老师是否组织班 级干部定期开会?	高一	A. 11	B. 11	C. 78	
	高二	A. 15	B. 10	C. 75	
	高三	A. 9	B. 9	C. 82	
19. 班主任如何指 导学生干部工作?	高一	A. 0	B. 87	C. 13	
	高二	A. 1	B. 89	C. 10	
	高三	A. 1	B. 91	C. 8	

　　问题 16 - 19 是关于班干部的选拔和培养，从问题 16 看出对于班干部的产生，新入职班主任大多是喜欢先任命的方式；从问题 17 看出大多数新入职班主任在班级管理中是安排了学生干部协助值日检查的，但这与表 2 - 3 中问题 8 反映的室内外卫生打扫有时不及时，保持也较差形成了反差，说明班干部管理存在问题；从问题 18 和 19 看出，新入职班主任对班干部工作计划性不强，班干部的培养存在问题。

表 2 - 6　新入职班主任班级管理基本情况调查统计

调查问题		选项所占 百分比/%	选项所占 百分比/%	选项所占 百分比/%	选项所占 百分比/%
20. 你觉得你的班 主任了解你、关心爱 护你吗?	高一	A. 88	B. 8	C. 4	
	高二	A. 85	B. 10	C. 5	
	高三	A. 76	B. 21	C. 3	

续表

调查问题		选项所占 百分比/%	选项所占 百分比/%	选项所占 百分比/%	选项所占 百分比/%
21. 你和你的班主任老师单独谈过话吗?	高一	A. 98	B. 2		
	高二	A. 91	B. 9		
	高三	A. 92	B. 8		
22. 你是否觉得自己偶尔有心事的时候可以和班主任老师倾诉?	高一	A. 78	B. 8	C. 14	
	高二	A. 75	B. 10	C. 15	
	高三	A. 76	B. 3	C. 21	
23. 当你学习退步的时候,你的班主任会如何处理?	高一	A. 10	B. 87	C. 3	D. 0
	高二	A. 10	B. 86	C. 4	D. 0
	高三	A. 9	B. 86	C. 4	D. 1
24. 你生病的时候,你的班主任会如何处理?	高一	A. 90	B. 7	C. 3	D. 0
	高二	A. 91	B. 6	C. 3	D. 0
	高三	A. 89	B. 8	C. 2	D. 1
25. 当你有困难或烦恼时,班主任老师会帮助你吗?	高一	A. 1	B. 98	C. 1	
	高二	A. 5	B. 90	C. 5	
	高三	A. 6	B. 93	C. 1	

问题20-25是关于师生关系的调查情况,从问题20看出新入职班主任师生关系融洽,三个年级95%以上的学生觉得班主任了解、关心、爱护自己。这是他们的优势,但也是他们的劣势,如今新入职班主任大多是"80后"独生子女一代,且受过高等教育,知道"亲其师,信其道"的道理,但师生关系过于亲密,没有一定的距离感,往往会造成教育效果差,这也就是所谓的新入职班主任的角色定位模糊。

表 2 - 7　新入职班主任班级管理基本情况调查统计

调查问题		选项所占百分比/%	选项所占百分比/%	选项所占百分比/%	选项所占百分比/%
26. 班主任处理违纪行为的措施中，你的班主任使用最多的是什么？	高一	A. 80	B. 17	C. 3	D. 0
	高二	A. 95	B. 2	C. 3	D. 0
	高三	A. 86	B. 4	C. 10	D. 0
27. 如果你犯了错误，你的班主任老师的第一反应是什么？	高一	A. 60	B. 37	C. 3	D. 0
	高二	A. 75	B. 22	C. 3	D. 0
	高三	A. 66	B. 24	C. 10	D. 0
28. 班主任对你们的日常行为规范教育怎么样？	高一	A. 65	B. 37	C. 8	D. 0
	高二	A. 77	B. 24	C. 3	D. 0
	高三	A. 69	B. 27	C. 10	D. 0
29. 你们班级纪律情况如何？	高一	A. 5	B. 12	C. 78	D. 5
	高二	A. 7	B. 17	C. 73	D. 3
	高三	A. 3	B. 27	C. 70	D. 0

问题 26 - 29 是关于违纪处理情况的调查，从问题 26 看出新入职班主任处理违纪学生的主渠道是通知家长；从问题 27 看出三个年级新入职班主任几乎没有对犯错误的学生置之不理，与此同时，从问题 28 可以看出新入职班主任对学生日常行为也经常进行规范教育，可是结果呢？从问题 29 可以看出新入职班主任的班级纪律普遍一般甚至较差。

■ 2.2　新入职班主任在班级管理中存在的主要问题

在与新入职班主任进行交流和对所带班级学生进行问卷调查的过

程中，本研究发现：新入职班主任在实际工作实践中普遍存在有热情无方法，有理论少实践的问题，这势必影响新入职班主任班级管理的效果；同时，也不利于全面贯彻党的教育方针，落实立德树人的根本任务，发展素质教育，推进教育公平，培养德智体美劳全面发展的社会主义建设者和接班人。这些问题具体体现在以下 4 个方面。

2.2.1 新入职班主任在班级管理上理论与实践的"两张皮"

班级教育管理是育人的系统工程，与班级教育管理联系密切的主要包括教育科学、管理科学、心理科学。这些课程在大学都开设。但是，从本研究的调查来看，新入职班主任的班级管理理论往往与实际发生冲突，理论联系实际、具体问题具体分析能力欠缺。例如，本研究在对新入职班主任——544 班班主任王黎熙老师进行访谈时，王老师说："工作前我对大学教育理论中的班级管理平等、民主观念非常赞同，并暗下决心，将来到工作岗位后一定把理论运用到班级管理实践中，然而，在现实的管理中，老教师们却认为我管理松散、家长认为我太过放任、班里的好学生认为我不负责任，只有调皮的学生感觉我很民主、待人平等。这使我感到深深的困惑，是理论赶不上时代的变化还是现实太残酷？"

2.2.2 新入职班主任重学习能力培养，轻其他能力培养

在传统"应试教育"思想体制的影响下，升学率是学校的生死线，整个社会都会把它作为衡量学校与教师的标准，在此背景下，班

主任为了让班级整体成绩提高不得不起早贪黑，加班加点。在班级管理中也会自觉不自觉地用成绩的高低评价一个学生，使学习能力的培养成为唯一的目标。在访谈中不少老师坦言：现在学生越来越没规矩了，如进办公室不喊报告、下楼梯时不知靠右行等；还有老师谈到：做卫生不会用扫帚，地怎么也扫不干净。其实这些都是学生智商高、情商低的表现。

2.2.3　新入职班主任的角色定位模糊

像朋友一样与老师相处是当今时代"00 后""10 后"学生对师生关系的一种普遍定位。他们希望班主任成为自己的朋友，能与他们打成一片，因此，新入职班主任有其自身的优势，即年龄与学生较近，首先就免去了"代沟"的屏障，能够较好地与学生融合在一起，然而，在现实教育实践中，这种师生关系却成为有些新入职班主任班级管理上的障碍。为此，首先应该明确什么是师生关系？师生关系就是教师和学生之间的关系，除此之外再无他意。有的老师把师生关系搞得很复杂，那就背离了教育的规律和为师的原则。新入职班主任必须明确：师生关系不是朋友关系。朋友的话可听可不听，但是老师的话则必须听；朋友要你做的事情可做可不做，但是老师要求做的事情却是应该做；朋友之间可以负责任也可以不负责任，但是老师必须要对学生负责任；朋友关系随时可以破裂，今天做朋友，明天可能就不是朋友了，但是师生关系却不能因你不喜欢学生而破裂。为什么有的老师把原本清清楚楚的师生关系变成朋友关系、哥们关系，甚至是兄弟关系呢？因为他们想通过这些关系获得学生的好感，以便于亲近学生，进而让学生不对自己有抵触情绪，但是，这种愿望经不住时间的考验。因为师生关系就是师生关系，当老师表露出自己的目的时，学生就会觉得老师虚伪。当老师发现朋友关系让自己处于不利地位时，再改变就很困难了。有一次我到班里上课，恰好遇到班干部在传班主任的话，开口就说"……哥说……"，下面的学生有的当笑话听，有的听也不听，都当成"哥"了，就不把班主任当回事了。

2.2.4 新入职班主任在班干部选拔上的"越位"和在培养上的"缺位"

2.2.4.1 班干部选拔方式陈旧

我们对于班干部的选拔方式和操作过程进行了调查：班干部的产生，新入职的班主任大多喜欢班主任先任命的方式，即班主任（刚从大学毕业的学生）在班干部产生方式上采用任命制，导致新入职班主任在班干部选拔上出现"越位"现象，究其原因，一是对班干部在班级管理中所发挥的作用认识不到位；二是对新入职班主任进行入职前的培训和有效指导太少甚至没有；三是有些新入职班主任的班级管理理念陈旧。

从班干部产生的过程看：有的依据个人能力与特长由任课教师一起任命；有的是班主任直接任命；有的是采用轮换制；还有的是"海选"方式产生的。班干部的产生方式各有千秋，实质则表明：新入职班主任的管理理念存在差异。

2.2.4.2 重使用，轻培养

班干部的管理，重中之重是要注重培养，只有这样才能提高其素质，从而实现班级的有效管理，然而，现实中班干部的培养情况却令人担忧。从本研究的问卷调查中可以看出，大多数新入职班主任在班级管理中是安排了学生干部协助值日检查的，但这与问卷反映的室内外卫生打扫有时不及时，保持也较差形成反差，说明班干部对班级的管理存在问题。总之，从问卷调查中可以看出新入职班主任对班干部工作计划性不强，对班干部的培养不足。

■ 3.1　新入职班主任管理能力欠缺

3.1.1　大学教育专业课程结构和模式过于陈旧

认为从师范院校新毕业的大学生就一定能胜任班主任工作，这是有些学校领导不重视班主任培训工作的重要原因所在。现实的情况是，据本研究对新入职班主任的访问得知，师范院校课程多年来一直是教育学、心理学、学科教学论这老三门，在内容编排上也以完整的学科理论为主，而较少涉及管理学的知识，教育实践则更少之又少。例如：我访问侯春妹、李二鹏、王黎曦三位老师时，对同一个问题"你刚参加工作最大的困惑是什么？"侯春妹说感觉自己学的知识太少了；李二鹏说认为自己在摸着石头过河；王黎曦说感觉自己没头绪，学的知识用不上。虽然三位老师的回答各异，但归纳起来有一点是共同的，那就是大学教育专业课程结构和模式过于陈旧，不能与时俱进。

3.1.2　班主任自主学习时间少

本研究通过对中学班主任的走访和调查得知：班主任班级工作覆盖面大、头绪多，除日常正常教学工作外，还有检查学生的校服着装情况、课间纪律情况、早操情况、午自习秩序、高中生的晚自修情况等，再加上写评语、搞主题班会活动、处理突发事件，等等。在访问新入职班主任时有过这样一段对话，问："如果你有空闲时间，你最想做的事情是什么？"答："睡觉！"看似简单的答案，却折射出新入职班主任工作的现状。在这样沉重的负担下，如何能激发班主任爱岗敬业，并投入更多精力学习、更新班级管理知识呢？

■ 3.2　应试教育的影响

应试教育的枷锁，加重了班主任的负担，使他们无暇学习教育理论。在传统"应试教育"思想体制的影响下，考分和升学率是学校的生命线，在此背景下，学校只能制定相应的措施将重担压在教师身上，班主任作为班级学科的任课教师，同样也面临这些问题，起早贪黑，加班加点，没有多余的精力投入班级管理工作和研究。

■ 3.3　学校职前培训体系不完善

2006 年 8 月 31 日，教育部办公厅颁布《关于启动实施全国中小学班主任培训计划的通知》（以下简称《通知》）。《通知》旨在将中小学班主任培训纳入教师全员培训计划，建立中小学班主任培训制度。虽然教育部有要求，但实际各学校对职前培训做得还很不到位。在走访调查过程中发现，我校的职前培训仅限于让优秀教师给新入职教师做报告、举行拜师活动而已，不但形式单一，而且效果不佳。访问中，许多新入职的教师表示，希望得到的是上岗之前全方位的培训，最好与培训老师有长期互动模式，在实践中有帮助、有辅导，以全面提高班主任履行工作职责的能力，促进基础教育的改革发展。

3.3.1 尚未形成制度化的班主任入职教育

目前，大多数学校班主任培训是走走过场而已，尚未形成制度化的班主任入职教育。在访谈中，有一些班主任在回答如何做好班主任工作时，是这样回答的："我在上学时，我的老师就是这么做的，我也是这样做了。"这表明：部分班级管理者在班级管理活动中，过分凭借经验，凭自己的主观意愿来管理班级，很少根据学生的特点管理，并遵循班级管理规律，致使班级管理效率低下，师生关系紧张。众所周知，只有一流的教育理论，才能支撑起一流的教育，因此，班主任必须加强对管理学、教育学、心理学、班级教育管理学等理论的学习，以此掌握科学的教育管理原理，树立正确的教育管理思想，从整体上把握班级教育管理的运作状态及其发展规律，科学地组织和实施班级的全面工作。实践表明，凡是在班级管理中取得成功的班主任，都是在科学的理论指导下，按照班级教育管理的规律来进行管理的。

3.3.2　过分依赖"师徒"结对的方式

从 2007 年开始，保定三中引进了大批刚从大学毕业的新教师，随着大批年轻教师的引进，年轻班主任比例逐年提高。虽然年轻班主任有热情、有精力，但其劣势也是显而易见的，例如，班级管理经验不足，随意性较大，等等。经过调查发现：一些年轻班主任班级工作想到哪里做到哪里，工作缺乏计划性、系统性，不注重效果，不讲求教育活动的过程对学生成长的作用，而面对教育教学中的突发事件他们又往往手足无措，无法做出妥善的处理。针对年轻班主任经验不足的现象，多数学校采取的普遍做法是年轻班主任与有经验的班主任拜师结对，由学校聘请一批具有丰富工作经验的教师为指导老师，与年轻班主任结成对子，通过"传、帮、带"，推动年轻班主任迅速成长。本研究发现，在实施师徒结对的流程方面主要存在目标不明确、带教内容理解混乱、过程指导缺位和监督失效等问题。

3.3.2.1　结对目标不明确

许多学校的教师对师徒结对意义的认识非常笼统和模糊，在师徒结对正式开始之前，学校没有就活动的有效开展进行精心的前期策划和积极发动，没有对师徒双方进行必要的培训，师徒对活动的目标尚未达成共识，甚至有些带教教师是为了职评而要求带教的。这样目标不明确的活动如何要求其真正达到有效性？

3.3.2.2　过程指导缺位

学校指导缺位、参与不多。研究发现：许多学校教师节组织了拜师仪式后，就退出了。有时学校很重视年轻教师，开展很多活动，煞费苦心，有时又走形式，有头无尾。师徒结对的过程指导应该侧重对新教师专业发展的关注，测评新教师的发展潜力、发展方向，及时调整师徒双方的带教行为。从上述调查中发现，随着一批老教师的退休，优质师资越来越少，现在带教教师的整体水平较以往相比在下降，提高带教教师的素质，加强带教工作的针对性、指导性和艺术性，需要学校加强对师徒结对活动的过程指导。

■ 3.4　忽视学生的心理健康

当代中学生随着生理、心理的发育和发展、社会阅历的扩展及思维方式的变化，在学习、生活、人际交往和自我表现意识等方面会遇到或产生各种心理问题，尤其是随着进入高中学习阶段，学习竞争压力增大，学生产生心理障碍和精神疾病的概率增多。在校生因心理疾病而休学的不在少数。例如：中学生唐某在课间休息时，因心情烦躁，忽然握起右手用力朝窗户挥去。"啪"——随着一声清脆的响声，玻璃被打了个大洞，碎片纷纷跌落。唐某一声惨叫，右手顿时鲜血淋漓，皮开肉绽。这表明了新入职班主任对学生的心理健康状况重视不够。事实上，学生的心理健康是件刻不容缓的大事，新入职班主任在班级管理上要学会运用心理策略，促进班级的有效管理和学生的全面发展。

■ 3.5　忽视融媒体在班级有效管理中的作用

在融媒体时代，新入职班主任班级管理面临较大的问题，这给新入职班主任工作带来了极大的挑战。

3.5.1　信息时代班主任工作压力大

在融媒体时代，作业中的大部分问题都可以在网络上找到答案，班主任的权威受到极大的挑战，这给班主任老师的身心带来了极大的压力。

3.5.2　信息时代班级管理片面化

在新媒体时代，信息沟通更加便捷，如 QQ、短信、微信、飞信等的使用，学生可以通过多种方式与外界沟通、联系。尤其初中生好奇心较重，易被网络吸引，不专注学习，成绩下降，若教师一味采取高压手段，往往适得其反。

3.5.3　信息时代班级管理形式单一

长期以来，我国的班级管理形式较为单一，一个教师担任一个班级的班主任，往往是从高一带到高三的，需要了解学生的心灵，如培养优等生、转化后进生；形成和谐的团队教育，处理和领导、任课教师的关系，做好与家长的配合工作，等等。尤其是在融媒体时代，传统的一个教师面对几十名学生的形式已无法适应现代教育要求。

第 4 章
班级有效
管理的对策

■ 4.1 加强新入职班主任的培训

4.1.1 培训的组织结构

教师专业成长是一个连续的过程，贯穿于师资培养和提高的全过程。2011 年 1 月，教育部出台《关于大力加强中小学教师培训工作意见》，明确提出"对所有新任教师进行岗前适应性培训，帮助新教师尽快适应教育教学工作"。入职培训使教师的培养和提高真正成为一个不间断的过程。随着教师专业发展和素质教育对教师期望值的不断提高，还需要教师培训机构不断探索适合新教师发展的培训制度，构建多样化的培训模式，结合中小学实际开展富有成效的培训。只有这样才能更好地提高新教师培训质量，为新教师的专业发展提供更为广阔的空间。

在这个组织结构（图 4-1）中，教育行政管理部门统筹领导、组织、协调。教师继续教育管理部门则根据上级新教师培训相关政策文件，在前期调研的基础上，结合实际需求，制定中小学新入职教师培训方案，设定具体培训目标、培训措施、时间进度、考核方式、合格标准等，对区校级新教师培训工作给予指导和安排，并负责集中培训工作。区级教师培训机构承担新教师学科教学指导工作，学校则负责校本培训的实施。在培训中，由区继续教育管理部门建立新教师个人培训记录，了解新教师在培训内容、形式等方面的反馈意见，对需要改进的环节及时调整，进行有效的过程性管理，然后区继续教育管理部门根据新教师参加培训的表现和教师培训部门、新教师任职学校的新教师考核成绩，给出新教师是否合格的最终结果，并上报区教育行政部门，此为新教师转正定级的重要依据。

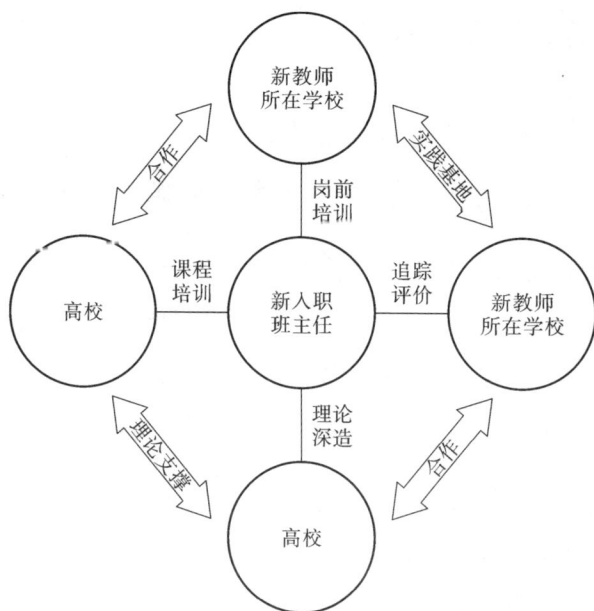

图 4-1　新入职教师培训组织结构

4.1.2　培训的内容

针对新入职班主任班集体建设方面知识结构有待补充、班级管理方法技能欠缺等问题，需要相关高校和所在学校创设良好的学习环境和条件，帮助和引导新入职班主任树立正确的教育观、职业发展观，掌握有效的班级管理技能和基本方法，适应中小学教育教学工作。在新入职班主任培训实践中，我们根据新入职班主任的发展需求，安排设计了相关专题学习和实践学习，通过管理知识的培训和班级管理方案的实施，提升新入职班主任的专业素养和管理实践能力。

4.1.2.1　加强高校的管理培训

以习近平新时代中国特色社会主义思想为引领，以全国教育大会为契机，把高校管理培训作为新入职班主任培训的重要组成部分，以帮助新入职班主任提升教育理念、师德素养，掌握班级管理基本功和班主任工作方法，树立正确的教育观和职业发展观为主要目的。此项工作由相关高校管理部门组织设计和实施，内容涵盖"教育理念与教师发展""教师素养拓展""班主任工作方法与艺术"3 大模块 6 个专题的培训课程，涉及师德、教育法规、教学基本功、教育科研方法、课堂教学评价标准、课堂管理与班主任工作等多项内容。

培训不仅可以使新入职班主任加深对基础教育情况的了解，而且还可以借助各教育教学专题的探讨，帮助新入职班主任拓展专业知识和素养，实现提升新入职班主任教育水平和能力的目的。

4.1.2.2　完善学校岗位指导培训

学校岗位指导培训是结合学校实际情况，帮助新入职班主任适应岗位工作、促进新教师成长的有效途径。各学校新入职班主任岗位指导培训主要包括以下 5 个方面。

①师德师风教育：习近平总书记在全国高校思想政治工作会议上强调，坚持教书和育人相统一，坚持言传和身教相统一，坚持潜心问道和关注社会相统一，坚持学术自由和学术规范相统一，引导广大教师以德立身、以德立学、以德施教。

②班集体建设、各类学生教育、各种关系的处理、危机事件应对、心理调适等。

③"师带徒"指导：由学校为新教师配备有经验、有能力的"师傅"，在教学设计、说课做课、教学反思、课例研究等方面对新教师进行指导和培训。

④新入职班主任开放课堂，接受本校老教师的听课指导。通过听课—评课—追踪等环节，帮助新入职班主任从本校年级学生实际情况出发，调动学生积极性，提高新教师班级管理水平。

⑤学年末，由新入职班主任确定德育主题和班会内容，完成一节"出师课"。校级指导教师联合听课，给出具体考核意见。

4.1.2.3 探索优秀班主任的自我成长过程

每个人并非天生就具备做班主任工作的天资和独特条件，优秀的班主任大多经历过由失败到成功，由普通到卓越这样一个过程。一个班主任要迅速成长，除外部因素外，自我成长至关重要。以下根据实践总结出优秀班主任自我成长的基本规律，指导新入职班主任健康成长。

①学习适应期：从学生到教师，从普通任课教师到班主任，有着

极大的角色差异。新入职班主任必须在最短时间内全面了解有关法律法规、学校规章制度，了解班情学情，完成自己的角色转换。

②迅速成长期：掌握基本的教育规律，了解班级及学生的基本情况，能提出有自己个性的适应学校学生的管理思路。

③成熟成才期：爱心、责任、民主、机智，是这个时期班主任的最大特点。

④科研促进期：实践是最大的财富，但水平若不提高，只能在低水平层次徘徊。以科研促工作，成为这一时期优秀班主任的内在需要；科研的深入，又进一步促进班主任工作水平的提升。

4.1.2.4　构建新入职班主任的模块培训模式

4.1.2.4.1　案例模块培训

案例模块培训是指学校把已积累的班主任工作案例呈现给新教师，比如，第一次和学生见面前该做些什么；如何制订班级工作计划；怎样安排座位；如何运用和学生谈话的语言艺术；与家长交流和沟通时应采用怎样的方式；怎样开设主题班会，等等。通过案例培训，新入职班主任在遇到具体的班级工作时可以有准备地进行有效处理，缩短适应期。

4.1.2.4.2　情境模块培训

在新教师上任班主任前，给其呈现一系列的假设性情境和问题，比如，当班主任第一次走进教室，学生因为班主任的年轻而不屑一顾时，应该怎么办；班主任打算去家访，而学生表现出很不欢迎时应怎么办；学生当着班主任的面故意违反校纪校规，应怎么处理；班主任准备开展一次主题班会，而学生对班会主题表示反感时应怎么办；学校组织校运会，若3 000米长跑项目没人报名应怎么办，等等。情境模块培训可以采用笔试和面试的形式，在学校的组织下展开讨论和交流，这无疑是选择新班主任和新班主任上岗前最有效的培训模式。

4.1.2.4.3　反思模块培训

反思是班主任对自己的教育行为、教育结果进行审视和分析，从而改进自己的班主任工作，使其更具合理性的过程。反思一般有两种方式：一种是自我反思，可以想——回顾、思考活动的内容及效果，可以写——随手记下自己的心得，可以学——有了困惑看书、查资料；另一种是对照反思，可以议——与专家、同行讨论，可以比——观摩他人，进行对比，可以研——参与科研，用科研指导自己。叶澜教授曾经讲过，一个教师写一辈子教案，不一定能成为名师，但如果坚持写三年的反思，则有可能成为名师。

4.1.2.4.4　专题模块培训

2~5年是班主任的成长期，已经具备一定的理论基础和实践经验，可以开展优秀班主任工作报告会、班主任优秀案例评比，比如：如何制订班级工作计划，如何帮助学困生树立信心，当学生犯错误时怎么办……通过专题报告，可以促进班主任的成长，使其理论水平得到提升；也可以聘请教授和外校的优秀班主任来学校进行专题讲座，让优秀班主任及时学习和吸收先进的教育理论，先进的班级管理理论、心理学理论。这样的推介和平台，可以进一步引领研究方向。

4.1.2.5　建立新入职班主任激励性机制

坚持"以人民为中心"的发展思想，探索以班主任为中心的激励机制，最大限度焕发班主任的成长热情，从而将班主任工作视作一项神圣的事业而不仅仅是一项工作。激励是一个心理学名词，是指激发人动机的心理过程；而行为学认为，激励是指激发人的动机，使其内心渴求成功并朝着期望的目标不断努力的活动过程。在学校的管理中，激励可以理解为，通过创立能够满足班主任需要的多种条件来激发班主任的工作动机，使之产生实现组织目标的特定行为的过程，其目的就是充分调动班主任的积极性和创造性，发挥其主观能动作用。

事实上，学校的管理者每时每刻都在有意无意地运用着某种激励模式，而收效不尽相同。实践证明，管理者若违背客观规律和学校实际情况，不恰当地运用某种激励模式，就无法获得预期的激励效果。具体来说，通常有以下 4 种模式。

4.1.2.5.1　物质激励

物质激励即通过物质刺激的手段，鼓励班主任做正确的事。它既有正向的激励形式，如发放津贴和福利等；又有反向的激励形式，如罚款和处罚等。现代管理中，一般将思维创新并具有实效的行为作为重要的激励要素，以调动班主任的创新意识和创新行为。

4.1.2.5.2　成就激励

随着社会的发展，选择工作将不仅仅是生存的需要，特别对教师来讲，工作更多的是为了获得一种成就感，所以成就激励是激励中一类非常重要的内容。我们可以按照作用将成就激励分为组织激励、榜样激励、绩效激励、目标激励和理想激励。

4.1.2.5.3　能力激励

每个人为了在激烈的竞争中生存，都会有发展自己能力的需求，可以通过培训激励和工作激励满足班主任这方面的需求。

4.1.2.5.4　环境激励

①政策环境激励：学校良好的制度、规章都可以对班主任产生激励。这些政策可以保证公平性，而公平是班主任的一种重要的需求。如果班主任认为他们在平等、公平的环境中工作，就会减少由于不公而产生的怨气，提高工作效率。

②客观环境激励：学校的客观环境，如办公环境、办公设备、环境卫生等都可以影响班主任的工作情绪。在高档次的环境里工作，班主任的工作行为和工作态度都会向"高档次"发展。

4.1.2.6　建立发展性评价制度

应试教育的枷锁，加重了班主任的负担，使其没有精力投入班级管理和研究中。2018年9月，习近平总书记在全国教育大会上指出："深化教育体制改革，健全立德树人落实机制，扭转不科学的教育评价导向，坚决克服唯分数、唯升学、唯文凭、唯论文、唯帽子的顽瘴痼疾，从根本上解决教育评价指挥棒问题。"这势必将从根本上扭转传统"应试教育"思想体制的影响，摆脱考分和升学率是学校的生命线的思想，使班主任有更多时间和精力学习教育理论。

4.1.2.7　建立全员班主任制度

健全全员育人、全过程育人、全方位育人的机制，培养德智体美劳全面发展的社会主义建设者和接班人，是立德树人的根本任务。全员班主任制是在单一班主任制的基础上提出来的，主要针对的是在单一班主任制下，非班主任的任课教师一般不参与班级学生管理这一弊端。实行所有任课教师都是班主任的全员班主任制，在于充分挖掘学校任课教师这一教育资源的潜力，使为学生上课的所有教师形成教育合力，不断提高教育教学质量，实现"学生人人有导师，教师个个都育人"，全员参与的"团队网络式"学校德育新格局。全员班主任制度的建立和实施，为新入职班主任的成长提供了一个空间平台。

■ 4.2 加强班级文化建设

文化具有潜移默化、深远持久的作用。古人云："近朱者赤，近墨者黑。"哲人也曾说过："对学生真正有价值的东西，是他周围的环境。"班级的班容班貌，表现出一个班级整体精神的价值取向，是具有强大引导功能的教育资源。班级文化作为一种环境教育力量，对学生的健康成长有着巨大的影响。班级文化建设的终极目标就在于创建一种氛围，以陶冶学生的情操，构筑健康的人格，全面提高学生素质。因此，新入职班主任要以班级文化管理为阵地，构建精神引领、榜样示范、厚植梦想等几方面内容，加强师生情感交流，让学生在班级学习和生活中有归属感和成长感。俗话说：亲其师、信其道，新入职班主任要多一点儿爱护、少一点儿冷漠，多一点儿理解、少一点儿指责；在班级管理中要从学生的实际心理特征出发，充分考虑学生的想法和感受；运用表扬、鼓励等多种方式培养学生的自信心，使每个学生都能在班级学习和生活中轻松愉快地成长。

4.2.1 班级文化建设之精神引领

一个班的精神如同一个人的灵魂，有了它的存在可以使这个班集体充满生机与活力；一个班的精神如同一面旗帜，有了它的存在可以引领我们勇往直前！

自从 2005 年参加工作以来，笔者所带的学生已不是原来的学生，所带的班级也已不是原来的班级，学生出生年代的跨越是受教育者本身的变革。时光荏苒，一切都在改变，但不变的是那班级的精神——理解、团结、奋进。这也许就是哲学上常讲的：绝对运动与相对静止。

笔者在开学后第一次的主题班会上就给新一届的学生们谈到了班级的精神——理解、团结、奋进。为了更好地让全班同学对于班级精神的理解形成共识，笔者特意安排了以下两项活动。①来自师哥师姐们的忠告。播放上一届提前录好的影像，内容是上一届学生谈高中三年自己的收获和对师弟师妹们提出学习生活上的建议，目的是用学生教育学生、用学生感染学生、用学生鼓励学生。②教师讲解对班级精神的理解。总的来说，理解是前提，团结是保障，奋进是目的。

关于理解，包含三个层次：①与父母之间的理解；②与老师之间的理解；③与同学之间的理解。与父母之间多了份理解，就会少了份顶撞；与老师之间多了份理解，就会少了份埋怨；与同学之间多了份理解，就会少了份冲突。俗话说"理解万岁"，其实，每个人都渴望被理解，班主任渴望学生的理解，学生渴望老师、父母的理解。那么，怎样获得别人的理解呢？笔者认为关键是应理解别人，然后别人才能理解你。比如，作为教师，要想得到同学们的理解，先要理解学生们的苦、学生们的压力、学生们的烦恼，并有针对性地帮助他们解决这些问题。慢慢地，学生们就会感觉到来自老师的关心与爱；反过来，学生也会支持、理解老师的工作，师生之间达到良性互动，彼此理解了，摩擦减少了，大家更团结了。谈到团结，有一首歌大家一定很熟悉，那就是《团结就是力量》，的确，团结就是力量，这绝对不是一句口号！大到一个国家小到每个班级，凡团结之时，必为繁荣之世！在《动物世界》的节目中，我曾看到过这样一幅场景：有一头生病的大象要倒下时，其他大象用自己的身体紧紧挤住它不让它倒下，帮助它活了下来（大象是不能倒下的，因为它自身的重量会把自己压死）。动物尚且如此，更何况人呢！艺术节的大合唱中、班级跑操比赛中无不体现集体的力量，"人心齐、泰山移"。所以"大家要同心同德、团结一致，心往一处想，劲往一处使！"有了理解的前提，有了团结的保障，才能更好地向前奋进。奋进是大家的目标，每个班级成员都要制订自己的奋斗目标和计划（后面还有具体制订计划的方案和措施，这里不细谈了）。用积极奋进的心态迎接每天的第一缕阳光！

理解了班级的精神只是播下了希望的种子，只有每个人践行了班级的精神才会开出绚丽的花朵、收获丰硕的果实。

4.2.2 班级文化建设之歌声嘹亮——"加油，四三七"

命运的安排下，我们走到一起。三年的时光，需我们共同努力，克服重重困难，让我们多些磨砺。

我们正在准备，迎接生命洗礼；我们正在准备，接受生活磨砺；我们正在准备，为了将来而奋斗。

加油，四三七！加油，四三七！我们永远在一起，我们是个大家庭，在苍穹庇护下，我们展开羽翼。在阳光照耀下，我们展现雄姿。

加油，四三七！加油，四三七！

玩是每个孩子的天性。为此，新入职班主任要多运用丰富多彩的活动，使学生的生活充满快乐，把有效班级管理寓于丰富多彩的活动之中，在活动中激发学生的求知欲望，培养学生的合作精神和管理能力。

4.2.3 班级文化建设之榜样引领催人奋进

习近平总书记多次指出，把典型示范作为重要途径，用榜样的力量温暖人、鼓舞人、启迪人，激励全党全军全国各族人民撸起袖子加油干，凝心聚力谱华章，意气风发向未来。因此，每一个学期末为孩子撰写个性化评语，成了笔者必做的重要工作之一，用身边的事拉近师生之间心灵的距离。

王亚鹏——

身为班长的你，在始终践行着你作为一班之长的那份沉重的职责；为集体，为他人，同时也为了自己的梦想而努力工作、学习。努力吧！亚鹏！作为梦的引领者，你一定会把四三七带到梦的彼岸！

王亮——

作为一班之长的你，始终奉行着"有苦在先，有甜在后"的人生信条。俗话说"吃亏是福"，的确，一学期以来你吃的"亏"，换来的是今天同学们对你的信任与掌声！加油！

张婷婷——

体育委员，你用响亮的口令诠释着这个词的含义。"带劲儿"是你发出口令时给我们大家留下的最深刻印象。你不仅用声音带领着我们的队伍向前进，更用"心"引领我们向前！向前！向前进！

田亚文——

体格强壮的你，给人一种安全感；面带微笑的你，给人一种无比强大的亲和力；强壮身躯是你为同学服务的基石，春一般的笑容是你和同学心灵沟通的纽带。春是一个梦幻般的季节，让我们在这梦幻般的季节里播下希望的种子，静静守候秋的果实！

吴佳铮——

纪律委员，一个被人看来费力不讨好的岗位，你却用你的实际行动证明着它存在的意义。你用同学们暂时的"不理解与埋怨"换来的却是他们一生的幸福！2011 年我们感谢你！加油！

伍爽——

朴实的外表，踏实的学风，刻苦的努力，不懈的奋进，这就是你作为一名普通的学生最真实的生活写照，在这平凡的学习生活中，你恪守着学生的天职——努力学习——给我们树立了一种生活与学习的榜样！

刘洪——

生活中的你，默默无闻；舞台上的你风度翩翩；生活中的你是平凡的，舞台上的你也是平凡的；正是平凡的你在为班里做着不平凡的事，危难之时见真情，平凡之中见伟大，四三七班因你而精彩！

崔鹏翀——

"生活委员"——看似平凡的岗位却体现着一种特殊的责任，正是因为你坚守了这份特殊的职责，才使我们拥有了整洁的学习与生活环境。"以一人脏，换来万人洁"是你无悔的追求。我们大家感谢你！

王叶——

鲜明的个性是你身上时代的烙印；朴实的外表是你内心真实的写照。你是一个有梦的女生，更是一个不甘落伍的战士，奋发图强是你的品性，为班争先是你的性格，这必将引领着你及全班冲向胜利的巅峰！

侯苗苗——

身为化学课代表的艰辛，众所周知；身为新任班长的操劳，有目共睹；你就是这样一个人，平凡而又普通；你就是这样一个人，认真而又负责，我们感谢你为四三七班的付出。

谢谢苗苗！

张静林——

"锁门"一个再平凡不过的小事，你却让它如此非凡，非凡的不是关门的瞬间，而是几百天如一日的坚持！每当放学时，你关的是门——让我们安心离开；锁的却是心——让我们彼此更加信任，四三七班感谢你！

王楷淳——

健硕是你留给我们大家最深的印象，在赛场上叱咤风云，当显男儿本色！细腻是你身上特有的气质，优美的文章流露出一个文采奕奕的你。文武双全是对你最好的评价，加油楷淳！四三七班因你而精彩！

4.2.4　班级文化建设之播种希望

俗话说"一年之计在于春"，春天是播种希望的季节；春天是充满生机的季节。每个人都要充分利用好这春的气息，规划好新的征程！如何更好地让全班同学一起动起来，去感受这春的气息，去播种这春的希望呢？开学之际，我们四三七班举办了一系列以"春和希望"为主题的活动，希望全班在新的一年里，新年新气象，更上一层楼！

活动 1：由班主任和班长代表本班做一年工作回顾及新年工作规划，给全班同学提出新的希望和要求。

活动 2：总结表彰三好生、优秀班干部、优秀团干部、优秀团员、金苹果奖、金雁奖、腾龙奖、期末考试总分前十名、各科前十名、进步人士、爱心之星（班内小当家奖、最爱集体奖、最爱护公物奖、最爱护花草奖）、劳动之星（最热爱劳动奖、最称职科代表、最负责任小组长)、品德之星（优秀作业奖、最尊敬教师奖）、纪律之星（最稳重奖、最积极配合教师奖、自习课纪律标兵）、体育之星。

活动3：板报小组配合做好宣传工作。

活动4：组织全班同学每个人由"春"字联想一个词语，如暖和、播种、希望……以这个词为话题写一写随感（字数为80左右）。

活动5：对于征集上来的文章、诗歌进行诵读、展出、编辑成册，使之成为班级文化的沉淀之一。

活动6：结合以前（高一）认领名人名言活动（如选100句名言，让大家认领）；现在（高二）开展"创造新生活，创造新希望，创造新名言"活动，同学们仿写名言。

以上一系列活动计划用两个月左右完成，正好配合春阳三月的生机与希望，顺应天时和地利，以达到人和的目的。

四三七班春天的故事

春是一个梦幻般的季节，让我们在这梦幻般的季节里播下希望的种子，静静守候秋的果实！加油！我可爱的弟子们！

李进

主题：爱。

正文：当万物还饱受寒风侵袭的时候；你迈着轻盈的步伐走来；抖掉身上的雪垢；扶直树木的腰；播撒爱的种子。

石光远

主题：变化。

正文：冬天结束，春天到来，一切都会从寒冷中转变出来，大地变得色彩绚烂，天空变得晴朗，一切的存在都在变化，我们也要从走过的一年中变化出来，走进明天！

曹鹏

主题：希望。

正文：似水流年，时光匆匆而去，突然发现它们那样易逝，无法挽回，现在又是崭新的开始，我们要充满希望，相信自己，要记得自己的目标，为之努力。

张天立

主题：春之醒悟。

正文：此处无声胜有声！

门月

主题：幸福。

正文：啊，春天，嘿嘿，有种香香的味道，好像什么幸福都将在春天进行，春天不是那么冷，又不是那么热。回想冬天的白雪，凉凉的，畅想夏天的冰激凌，甜甜的，春天也许有许多美好的事情发生，是什么不知道。因为喜欢春天的午后，所以幸福。

代姝菌

主题：春暖花开。

正文：面朝大海，春暖花开。春天，一种生机，一种希望。一个复苏的世界。春天，一抹绿，一抹橙，一抹蓝，一个五彩的世界。春天，燃起一片毛茸茸的温暖。

杨莹

主题：新。

正文：2010 年的春天已经来到，一切都有新感觉。新的一年，又是一个新的开始。新的一年，我在路上。

周梦晓

主题：生机勃勃。

正文：暖初，草长莺飞，柳树抽枝，一片生机。

李瑞丰

主题：黎明前的黑暗，温暖前的极寒。

正文：日落星辰暂出忙，云开雾坠晓天晴，曙光依稀前日梦，悄然无息影黯生。

龙菲

主题：发芽。

正文：春天是一年中的开始，一年之计在于春。到了春天，万物复苏，大树开始发芽，然后就慢慢地生长下去。

程亚楠

主题：激情。

正文：有了激情，鸟儿才会北迁；有了激情，草儿才会发芽；有了激情，万物才会蓬勃；有了激情，季节才是春天。

张悦

主题：阳光明媚。

正文：等了一个冬天那么久，终于盼来了阳光明媚的春天，虽然没有那么多时间来享受春天，但在春天里急匆匆地赶路，也好过在冬天的雪地里打滑。

陈潇雨

主题：旅游。

正文：热热闹闹的春节已伴着十五的烟花接近尾声，春天早已到来，一提到春，就会想到 6 月的快乐假期，在海边玩耍已成为每年必有的课程。

李雨辰

主题：希望。

正文：一年之计在于春，万物复苏，生机勃勃，所以象征希望，象征开始，是努力的开端。

邸欣然

主题：春天。

正文：春天来了。夏天，我爱的夏天，将会更近了。春是夏的引领者，带着夏日阳光走近我，温暖我，期盼夏天。

张雪琪

主题：希望。

正文：春天到来，万物复苏，枯败的枝头上又新生出几点嫩绿，每个人都憧憬着枝繁叶茂的到来，带来了生机和无限的希望。有了希望，就会去努力奋斗。一冬的沉寂，让我们渐渐忘记了努力向前的信心，当看到了那抹新绿，就见到了希望。

段磊

主题：奋进。

正文：一年之计在于春，一生之计在于勤，春天，一个充满生机的季节，也是人生奋进的季节，我们应当在这万物复苏的春季，努力奋进，为理想而努力拼搏。

董倩

主题：春暖花开。

正文：面朝大海，春暖花开——题记

春天来了，新的学期伊始。从这一刻起，我们满怀希望，伴着鸟儿的歌声，动人的芳香，在这个草长莺飞、春暖花开的季节做我们自己。

刘玉晗

主题：苏醒。

正文：几枝金黄色的"喇叭"打破了冬的宁静。迎春花开了，为春奏了一支小曲，万物开始复苏。破土而出的小草，竞相开放的花朵，长出嫩芽的杨柳，大地苏醒了，换上了美丽的春装，开始了新篇章。

刘思雨

主题：活力。

正文：春天，是万物之初，生机勃勃。世界万物都处在生长之际，在冬眠了一阵后，它们都充满活力等待春的到来，发芽，开花，结果。充满活力的我们也在经过寒假的充电储能后，在春天奋斗向前。

康晓雨

主题：鸟语花香。

正文：春天，带来一种温暖的感觉，一切事物都在萌芽之中，在这个萌芽的季节，我们要聆听着鸟语和花香，更加努力地完善自我，用春天一样蓬勃的朝气，快乐勤奋地度过每一天。

李洋

主题：春华。

正文：一天之计在于晨，一年之计在于春。春天是万物复苏的季节，滋润大地开出下一个花季。在街上，高高的太阳暖暖地抚慰着我们心中的温暖，徐徐的微风吹去我们心中的烦躁，潺潺的流水取悦着我们心中的愉悦，清脆的鸟鸣声唤醒我们心中的清新。

朱晓艺

主题：春风。

正文：春天的风是温暖的，它在树林间舞动，召唤着杨树的嫩芽；它在花丛间跳跃，牵引着花儿的芳香；它在白云中躲藏，引逗着绵绵的春雨。春天的风跳跃在指尖，不再是寒冷刺骨，带着丝丝的温暖和芳香，给我们属于春天的舒服。

王楷醇

主题：扬弃。

正文：春天代表新的一年来到了，我从春天联想到了"传承"和"创新"，因为春天为四季之一，又居四季之首。所以它传承着冬的雪白浪漫，也过渡了夏的热闹非凡，创新，创新出它独具特色的生机和希望，春天给人以新生的感觉。

新的学期开始了，同时我也要借助春的力量，展望那希望之路，踏上成功的路途，传承着三八二班和四三七班的集体主义精神，创新出一条具有新时代气息的新型学习之路。

赵晓娜

主题：萌芽。

正文：春回大地，万物复苏。春，是一个萌芽的季节；春，是一个希望的季节；春，是一个播种的季节。而我们在春天这个美丽的季节里，应该对我们的任务有新的规划，让其在春风的吹拂下萌芽，在春雨的滋润下萌芽，从而茁壮成长，最后的目标是走向成功。春天，一个百花争艳的季节，如何在众花中脱颖而出？只有在萌芽时，比别人强，才可以。

梁宇

主题：启程。

正文：花是春的请束，当你涌起心中的热望，把握着北国开荒的犁，在冻土中上溯，北方的地平线上便出现一片欢愉的天空。

吴炜

主题：奋发。

正文：时而振作，时而混沌，时而淡定，时而焦急，我就在这心绪的起伏中度过了2009年。真正的急迫感，是在冬末春初感到的。也许有点晚，但是我窃喜这也不是真正的晚，如今，又是一学期，开学几日便白雪满地，但我仿佛能感受到，隐藏在皑白下的绿意，正在蓄势而奋发。我坚信并努力地在此学期奋发并继续茁壮！踏实地，自信地，奋发！

刘兵

主题：萌芽。

正文：春天又是一个新的开始，叶子开始萌芽，常青树也开始摆脱病殃殃的黑绿，焕发新的生机。春天注定是要告别过去，抛却原来的不愉快，给万物一个新生的机会，未来正在进行时。春天到了，祝福大家有一个新的希望，美好的未来。

杜梦洁

主题：光。

正文：春天到了，大地退去了寒衣，万物突出了嫩芽，渐渐的，一丝光打破了世界寂静的躯壳，满满的，光晕笼罩着大地，我看到的是大地的生机，感受的是身边的温暖，憧憬的是美好的未来，一束光，为我带来了新的希冀。

秦琪

主题：希望。

正文：秋去，冬逝，春又来。

杨柳干枯的枝丫像凋零的思绪，只在三月留下淡淡的痕迹；小河破裂的冰面像逝去的岁月，只在三月留下淡淡的痕迹；野花嫩绿的枝叶像破晓的希望，只在三月留下淡淡的痕迹。初春的风带来希望，初春的雨带来希望。

薛新宇

主题：从头再来。

正文：昨天所有的荣誉，已变成遥远的回忆。勤勤苦苦已度过一半，今夜又重新走进风雨。我不能随波浮沉，为了我挚爱的亲人，再苦再难也要坚强，只为那些期待眼神。心若在，梦就在，天地之间还有真爱。看成败，人生豪迈，只不过是从头再来。

刘洪

主题：开始。

正文：一年的开始是春，一年之计在于春。我们要好好把握新的一年，开个好头。好的开始是成功的一半，我们要为自己制定一个奋斗目标，新的一年有新的目标。

这个目标要坚持住，不能动摇和放弃。

创造一个崭新的开始！

王典

主题：希望。

正文：当阳光在残雪上掠过，小草终于挣脱冬日的束缚，冰封的小河又活跃起来，含苞的嫩芽小心翼翼地探出头。温暖的风儿轻轻吆喝着：春天来了！一切是那么温馨美好，寒冷的冬天已然过去，春天又在人们心中播撒着希望的种子。

武文斌

主题：旋律。

正文：春之旋律——抛掉无聊的烦恼，忘记琐屑的喧嚣，让春的旋律撞一下你的腰，去感受春的美好。春是奇迹的起点，我们是春的实践者，伴随着跃升的阳光，迈向成功的方向。命运的齿轮已经转动，黎明的钟声已经敲响，绝不能让那最终的帷幕暗暗落下。相思树，流年度，无端总被西风误。一年之计在于春，春的气息，春的曲艺……唯有把握春的旋律，每一个人才能经历传奇。

李雅慈

主题：忆。

正文：江水悠悠，一叶扁舟，谁又弹起那年的记忆。轻影瘦湖畔，叠衣绸缎绿。风花雪月颜容醉，贪杯笑。草长莺飞，柳丝漫漫，江南还在描绘当年的故事。提笔腕压低，浅纸素墨描春意。风扶铃，满枝桃花美如你。折新柳，天涯各方心相依。玉指小楷体，写下缠绵的诗句。

李瑶

主题：春天——毛毛虫的时代。

正文：一年之计在于春，春天是一切的开始，是气候最适宜、最阳光的时候，当然也是蛇虫鸟兽开始活跃的时候，毛毛虫要开始变蝴蝶了，人们当然也要在春天大展拳脚了。虫子那么弱小的动物，也许会被人一脚踩死，冬天也很轻易就被冻死，但它们都可以那么开心的活着，人是不是应该珍惜这个温暖舒适的春天，专做些有意义的事，等待"毛毛虫变蝴蝶"？

王卓璇

主题：活力。

正文：春的赞礼。

赤道的暖流，经不住古老长城的诱惑，拿起绿色的绒毯，向着北方，悄悄铺去，它怀抱青春，像初生的婴儿，吸吮着时间的乳汁，在阳光婆婆的怂恿下，顽皮地抓住西伯利亚寒流的胡须，尽情地抖动，玩耍。它蹦着，跳着，融化冰雪，把脸上的红晕，慷慨地赠予桃林，又把系在颈上的烟雾薄纱不小心丢掉，裹住了千万条河流，缠绕在万千风下，燕儿追逐它，蹒跚的脚步，掠过润物细无声的汗滴，扯下片片白云，帮它写下自然的更替和季节的变换。

石磊

主题：苏醒。

正文：提到春天，我想到的词汇是苏醒，到了春天，一切都苏醒了，万物复苏，生机勃勃，春暖花开，春意盎然，在这个一切都苏醒的季节，浑浑噩噩的我们也应该苏醒，投入新一轮的生活和学习中去，创造出更多令人羡慕的成绩。

王栋

主题：干燥。

正文：春，是干燥的季节，水在这个季节变得更加珍贵。春，是干燥的季节，花草期待一场小雨滋润自己的新生。3月，本是一个充满幻想的月份，可 2010 年的 3 月却在大雪中悄然来到，这次干燥的不是大地，是对未来的不可预测而感到茫然的心。干燥的春天啊！

伍爽

主题：萌发。

正文：说到春，第一反应便是小草、树芽的萌发。萌发，不一定是生的开始，却一定是奋斗的开始。不论什么，从萌发的那一刻起，便注定要面对，未来的一切，不论是难是易，是苦是甜，都无法逃避，新春已到，让我们以萌发之势，来战胜生活和学习中一切的不顺利吧。加油萌发！

杜宇虹

主题：苏醒。

正文：山川消融，万物复苏，一切都从冬天的阴霾中苏醒了。春风叩开了绿色的门，沉睡了一冬天的小草，也从冰冷的土里探出了头，伸了个懒腰，向上生长着，他叫醒了田野中的谷物，唤来了林中的小动物，大地上的所有，都苏醒了，唱着一曲美妙的春之歌。

赵文博

主题：小草。

正文：俗语说"一年之计在于春"，意味着春天的到来昭示着新年的伊始。我从一棵老树桩旁走过，树桩的年轮已经模糊了，代表了他已逝的青春，枯旧的树皮上，斑驳的裂痕，是他经受岁月洗礼的印迹。这是一棵饱经沧桑的树，年轮是他存在的证明，也许他曾经风光无限，但现在留给世人的，只是枯萎的树桩，我为他叹息。

在树桩的旁边，一株小草经受过严寒的考验后，开始了他的新生，我们也应像小草一样，在经受过严寒后，绽放生命的光辉。

宋泽伟

主题：春天的印象。

正文：盼望着，盼望着，东风来了，春天的脚步近了，春天的请柬是东风，东风是暖暖的，春天也是暖暖的，东风一吹，小草绿了，花儿开了，天瓦蓝了，连人们的心情都好了，经过一冬的睡眠的小动物们，钻出家门，伸个懒腰，开始了一年的活动，大地又有生机了。

刘彦彤

主题：忧伤。

正文：一场落雪刚过不久，厚重的积雪还未掩盖好曾经的段落，春天却已吹起烂漫的乐章。春是薄薄的凄凉，春是淡淡的感伤，过去仍未定数，历史却已凝固，未来仍未开始，一切却已惘然，春天的忧伤，惆怅而夹杂感伤，浅尝而面带忧伤，而我们在这重重复复、高高低低的预热中，走向那早已经注定的结局。

彭睿

主题：快。

正文：春天的来临，象征过去的一年渐渐地离我们远去，新的一年，还在春节中徘徊的我们，却不曾发现时间也在很快前进着。

一年十二个月，三百六十五天，虽说多，但我们看到的却是春天，又到春天。到了下一年春天，细细回味上一年，才发现时间过得真快，我们有多少时间，又在空度呢？

春天已至，转眼间长着新芽的树，变得枝叶繁盛，希望我们可以抓住春天生长的气息，把握住快速滑过的时间。

张婷婷

主题：温暖。

正文：有人认为春天象征希望，我认为春夏秋冬每个季节都有着希望，但春天给我印象最深刻的是温暖。在明媚的春光里，我再也不会看到猫儿瑟瑟发抖地卧在墙角边，以及水泥管子里和花坛里那无助可怜的身影，而能够看到它们吃饱后一个个四脚朝天地让明媚的阳光温暖原本毛茸茸但被寒冬摧残了的有着杂色的毛皮的肚皮。猫儿眯着眼睛调皮地向上蹬着四条腿，看到它们幸福的样子，我的内心也很温暖。

郭梦竹

主题：生日。

正文：三月，鸟语花香的季节，三月，我选择诞生的季节，本来一切的一切都会是美好的，本来我应该有一个开心的生日，可现实就像窗外的雪，没法预料，心情就像窗外的雪凝固了，又面临着融化，我也不想这样，我要学着承受，我要学着坚强；三月四日，希望自己可以快乐；三月四日，希望一切都好，对自己说一声加油，对姐姐说一声加油。

李李季

主题：复苏。

正文：如果提到春天，那么我一定会先想到，以前所做过的事，不论对与错，又可以重新开始了，春天没有给你任何负担，却使你更加憧憬未来，有童话般的梦。春是一个梦的季节，它让你对未来有无数遐想，可终究只是梦。我的春天就是在梦里度过的，在这梦里，我充满干劲，不觉疲劳，而等到夏天，梦醒了，一切都很真实，却让我更加努力。春是复苏的季节，希望我也有新的精神。

王岚

主题：沙尘暴。

正文：北方的春天总是伴随着沙尘暴，这让我们的春天无比的粗犷爽快，仿佛在用大到无法再大的声音宣告一年的开始。铺天盖地的黄沙之后是铺天盖地的生机。沙尘暴除了一年一度地提示我们环保之外，也有无可比拟的短暂浓烈。

连悦竹

主题：美好。

正文：安静得像是轻轻的呼吸，淡淡地闻出些许甜意，温暖而优雅地来临，顿时间沁入我的心。

鸣叫的声音像是特写的画意，勾勒出一抹明媚的情，幽幽的滑落一片嫩绿，丝丝缕缕，流出纯真的结局。

美好的一切像是误入了梦境，带着那些磨灭不尽的春意，犹如白白的那点雪，暗淡地带着相思离去。

我回首忍俊不禁，笑出那些美好，那些期望，带给我爱的春季。

韩丹丹

主题：忙碌。

正文：春天来到，大地回暖，草长莺飞，短暂的寒假刚刚结束，有收获，有遗憾，有不舍，新的一年即将正式开始，农民们忙着播种，上班族们忙着工作，学生们步入紧张的学习氛围中。过去的一年已经过去了，明天究竟要怎么过，是每个人都在计划着的，新年新开始，每个人都有着自己的憧憬，拥有梦想并不是开始，当我们真正开始忙碌，才是迈出的第一步，为自己忙碌，为梦想忙碌，即使再累，也是美好的明天。春天到了，准备迎接忙碌的下一秒。

郭倩

主题：萌芽。

正文：春天，带给我的是希望，经历寒冬大雪的历练，万物开始重新生长，秀出盎然生机；忘记冬天的刺骨寒风，不对，应该铭记，他带给我们的经验和教训，在新的学年中，像那萌芽的种子，一点点汲取营养，顽强刻苦，长成参天大树，在郁郁森森的森林中占有自己的一席之地，经验和教训，就是萌芽种子的阳光雨露，是我们成长中必不可少的磨炼！

4.3 新入职班主任应明确自我定位

4.3.1 教育型管理者

班主任的管理工作不同于其他岗位的管理，因为工作对象是正在成长中的学生，工作内容是引导他们进一步学习和掌握知识，全面发展。教育型管理者的管理过程体现了更多的教育因素。

案例分享：

李辉同学平时学习成绩不错，从不违反纪律，但每到学校要交书费和学费时，他从没有及时上交过。班长身上带着几千元钱，交不上去就因等他一个人，急得班长催他去借，他就推脱说没地方借，最后只能班长去给他借。班主任需要按时完成学校布置的任务，可有时少数几个同学的拖沓懒散却让班主任难以顺利开展工作。这几个同学不是简单的懒散问题，班主任作为教育型管理者应该善于从日常小问题中发现教育契机。

通过对该同学的持续观察，班主任基本了解了他的性格特点。这位同学在学习上有较强的自主性，喜欢自学，如果认为老师布置的作业没有必要，他就不会完成这项作业，即使被扣分或罚站。平时在学校只和自己的同桌说话，很少和其他同学交流。后来又通过家长了解了他在家的情况：该同学回家吃完饭后就回屋，很少和父母说学校的事，过年家庭聚会时在饭桌上也很少说话，亲戚们聊天时也从不插嘴。

教育学生首先要了解学生，这个孩子的表现说明他缺少集体责任感，生活在自己的小世界里，班主任要通过教育让他认识到生活在集体中必然要和别人交往，认识到个体的行为可能会对集体产生积极或消极的影响。

4.3.2　学习指导者

"授之以鱼不如授之以渔"。那么如何把"渔"授予学生呢？就是要培养学生搜集和处理信息的能力、获取新知的能力、分析和解决问题的能力以及交流与合作的能力。在信息多元化的今天，教师不再是知识的占有者，教师的角色也应该从简单的传授知识变成培养学生独立学习的能力。因此，新入职班主任在工作中要做学生的学习指导者。

案例分享：

段磊同学是班里的"问题生"，可能有人认为他是班里的"捣蛋大王"，其实恰恰相反，他为人老实忠厚，但他最大的问题是学习没有动力，成绩很差。许多任课老师反映过他的问题，"上课让他背课文，其他同学都会背了他还不会，整天笑呵呵的，都这样了还有什么开心事呀？""他倒是很有礼貌，每次见到我都打招呼，就是作业交不上。""数学基本上不会，真让人着急，他倒很乐呵"……我得知这些情况后又观察了一段时间，正逢月考，于是考后我就借机找到他进行了"话聊"。通过聊天我得知，其实他的笑容背后隐藏着内心不为人知的焦虑、不安、自卑。"老师，谁不想学习好呀！我也想呀！可是……"内向的他又低头不语了，我陪他沉默了一段时间后他又低头小声说道："我曾努力过，但每次考试还是最差，我很无奈！"虽然他的话不多，但从他的言谈举止中我深深感觉到他在学习上的无奈和不自信。

为了让他在学习上重获自信，明白自己的努力不是白费的，我给他讲了两个零分的故事：从前有两个学生一个叫甲，另一个叫乙。学生甲每天不学习，有时还逃课，结果在期末考试中得了零分；学生乙以前也是不学习、逃课，但经过和我谈话后开始努力学习了，很是刻苦，可在期末考试中也得了零分。请问，两个零分内涵一样吗？不一样！学生甲的零分是无希望的零分，学生乙的零分是充满生机的零分；学生甲的零分是终点的零分，学生乙的零分是起点的零分。

"授之以渔"就是要教给学生方法，因此，我会把每一届尖子生的共同之处整理下来，在优秀学生身上发掘共同点，与全班分享。

我们班尖子生的十大共性如下。

①以学为先，在他们心目中，学习是正事，正事理应先于娱乐。

②随处学习，每天练跑途中记忆词语；在盥洗池旁贴一张词汇表，每天刷牙时熟记一个生词。无论怎样各具特色，有一点他们是一致的：保证学习时间，坚持不懈。

③讲究条理，把与学习有关的常用东西都放在伸手可及的位置，将重要的学习用品和资料用一个纸箱或抽屉装好，避免用时东翻西找。

④学会阅读，学会快速阅读，提高单位阅读量，学会读一本书的目录、图解和插图，为提前了解本书内容获取更有效的信息；当积极的读者，不断地提问，直到弄懂字里行间的全部信息为止。

⑤合理安排，再晚也勉励自己当天完成作业。

⑥善做笔记，强调记笔记的工夫，尖子生往往一边听课一边记重点。

⑦书写整洁。

⑧学习互助，学生经常一起讨论家庭作业中的难题，使用不同的解题方法并相互交流心得。

⑨及时提问。

⑩自我测查。记笔记时，对自认为可能会考的知识点格外注意，课下根据这些知识点自编模拟题，并在考试前夕做出书面答案。如果哪里答得不圆满，就回过头来再复习。

4.3.3　学生的平等对话者

班主任要做平等的对话者，新入职班主任不能做单方面的演讲者；

同时，师生之间在人格上是平等的，学生可以大胆说出对班集体、老师的一些真实想法，不能让他有害怕的心理，要把学生当作一个独立的主体，这样才能够调动学生受教育的积极性；同时，老师也可以不断完善自己。因为人和人平等对话，不仅是教学的需要，也是做一个社会人的需要，是现代人都应具备的价值观、人文精神。

案例分享1：

我骗了您。

王月（化名）同学是住宿生，在班里可以说是不遵守纪律学生行列的人。通过各种渠道，我了解到他初中时曾因多次打架转过四次学，最严重的一次还进过派出所。老师和他身边的同学对他都很有看法，升入高中后分进我班，我始终想找机会和他聊一聊。开学不久后的一天，晚上刚放学王月同学便找到了我，很不好意思地说道："我的手机被宿舍老师给没收啦（学校规定不许学生带手机），必须请家长亲自来取，我父母来不了，您……能不能……""班主任去能行吗？"我问道。"可以吧……"他从牙缝里挤出了这几个字。"好吧，咱们这就去宿舍。"我毫不犹豫地回答道。当我们来到宿舍后，宿舍老师的一番话如同给了王月当头一棒："手机上交给宿管科领导了，必须家长来领！你找你们班主任来干什么，难道还想让你们班主任一起挨宿管科领导批评吗？"王月什么也没说，低着头默默地走开了。我与宿舍老师道别后快步追上了他，两人一路无语地走向食堂。突然，他停住了脚步，低着头向我小声地问道："老师，我骗了您。我只是想……""学校有学校的规定，你我刚来可能都不了解，没关系的。"我拍了拍他的肩膀，笑着说道。在食堂的餐桌上，他向我谈起了他初中的经历（其实我早有了解）。听他诉说完后，我很认真地对他说："历史可以过去，但不能忘记！要学会从中吸取教训，以后别犯同样错误就好了。老师不看你的过去，只关注你的现在和将来！"王月没说什么，只是默默地点着头……后来，王月还成了班里的纪律委员，老师的得力助手。我想：要允许学生犯错误，因为我们每个人都是在改正错误中成长起来的。在高一新的学期，同学们需要的是新的环境、新的心情、新的开始，一切另起一行！所以作为老师的我们也要戴上新的眼镜，关注他们新的成长！

平等对话，因势利导，有时会收到意想不到的效果！

案例分享 2：

在课间，我无意中发现石光远同学正在跟郝逸飞同学学习拼魔方。由于他们太过投入，连我走到面前他们还没有察觉到，当他们发现我时已来不及藏起手中的魔方了……（我在班里说过，课间不能玩魔方、下各种棋类——因为课间只有十分钟，会影响下节课。）我没有立刻去斥责他们，而是看了看表，距上课还有一分二十秒，我跟石光远说："你要是在上课前拼好魔方，你们两个就不用罚站了，开始！"没想到刚刚学习拼魔方的他竟按时完成了任务……我也履行诺言，这件事就这样过去了。

事后，我对此事也进行了反思：倘若我按照规定强行没收了魔方，让他们罚站，倘若我置之不理、视而不见，教育的效果会好吗？这也许就是人们常说的原则的坚定性与灵活性相结合吧。与此同时，我从他们身上看到：每个学生都有学习好的能力，现在主要的问题在于如何把学生这种善玩、能玩的能力引导到学习上来，培养善学、能学的能力。这是值得我们每个教育工作者思考和研究的课题。

4.3.4　家庭教育指导者

如果没有相当水平的家庭教育做基础，任何一个国家的学校教育都不会有多大成绩。学校教育是在家庭教育的基础上展开的。在高中阶段学生的行为习惯和生活态度已基本形成，家庭的道德氛围和智力氛围对学生的行为习惯和学习能力有较大影响。家长不合理的期望和不当的管理措施导致了他们面对问题时束手无措，孩子的教育问题成了家庭的主要矛盾，家长需要我们教育者的帮助。

案例分享：

黄涛同学这次考试成绩又是班里倒数，他妈妈打电话向我求助："李老师，您看我应该怎么办啊，他的学习我们也辅导不了，我督促孩子学习他又不爱听，说急了就不理我们了，我们孩子平时最听老师的话了，您说说他吧，我实在是没办法了。"后来我约谈了家长，了解到这孩子平时一放学到家就要上网，后来家长把网线断了他就用手机上网，上厕所时都要带着手机。"我们实在是没办法了，这孩子简直不可救药了。"学生的痛苦，家长的绝望，这就是教育的悲哀。我应该做点什么了。

首先要了解孩子，他上网看什么，是玩游戏吗？用手机和谁聊天，都说什么？这些情况要调查清楚。我拨通了他爸爸的电话，孩子的父亲工作在外地，两个月回来一次，父亲心中的儿子和母亲说的不太一样。爸爸回来后我们进行了一次详谈，他说："这孩子平时喜欢读书，最爱看历史类的书和古今人物传记，看完后经常和我交流他的观点，而且能说出一系列理由支持自己的观点。"看来孩子有独立的思想，广博的知识。"那孩子为什么经常上网玩手机呢？"我问，"他在网上给网站写网络小说，已经写完了两本书，大概有四十万字吧，好像还挣了点稿费。他用手机可能在聊 QQ，他在网上可能加入了一个什么 QQ 群，和群里的人在交流观点，好像也互相鼓励。"

孩子的世界是多姿多彩的，他们需要和同龄人交流，需要找到属于自己的朋友圈。在网络和手机上没有学业压力，也没有父母的唠叨和指责。看来父亲懂得自己的儿子，能发现孩子的闪光点，孩子也爱跟爸爸说话。在学校里我给孩子创造机会，班会课上我讲励志故事，黄涛会从他看过的杂志里找出四五个关于目标的题材供我参考，通过班会课上的发言，黄涛慢慢变得自信了。在家庭教育方面，首先，我和他母亲谈话，改变母亲对儿子的看法，不要总是指责孩子；其次，我建议爸爸最好一周或两周回来一次，坚持每天给孩子打电话鼓励他。每个孩子都有适合自己的发展方式，做父母的应该尊重孩子的选择。

■ 4.4　加强班干部培养

4.4.1　建立一支强有力的班干部队伍

班干部是班主任与学生沟通的桥梁，一支强有力的班干部队伍不仅是班主任的助手，同时，还能够影响一个班级的精神面貌。

开学伊始，对于刚接手的新班级，班主任要通过学生情况登记表了解学生的个人情况。其次，新入职班主任要细心观察，通过学生点滴表现初步掌握哪些学生对集体事情热心，哪些学生是活泼好动型，哪些学生是内向腼腆型等。最后根据自己所掌握的情况通过"海选"、民主测评方式组成临时班委，给予详细分工，明确责任，提出要求。慢慢地，班里的各项工作就能逐渐理顺，达到井然有序。

选出了班委委员，新入职班主任要注重创造发挥他们组织和管理才干的机会。新入职班主任要在活动中调动班干部工作的主动性和积极性；同时，也要引导班干部学会正确的工作方法，达到班级管理事半功倍的效果。

4.4.2　班干部服务意识培养

作为班干部，不能只是班主任的代言人、班主任的"跟屁虫"，更不能只是学生中的老大。在每一届新任班委会成立之后，新入职班主任首先要做的一件事就是明确班干部的职责：对全班负责、善于沟通、勤于思索、学习过硬。

4.4.2.1　对全班负责

无论是班长还是其他班委委员，都必须能够面对全班弘扬正气，敢于管理，敢于制止，敢于说话，不怕得罪人。怎样才能做到，无非就是以下两点。其一，正人先正己。曾国藩曾说过："修身、齐家、治国、平天下。"只有自己以身作则，你的言行才有说服力，你的管理才能够服人。试想如果连自己都做不到的事情，又有什么理由去要求别人呢？所谓干部就是要身先士卒，时时刻刻想到自己就是班级的表率。其二，站在同学的立场考虑问题、解决事情。只有时刻站在全体同学的立场，才能得到全体同学的拥戴。作为班委委员，凡事都要学会从大局出发，考虑大家的要求、大家的感受，而不能为一己私利或是某几个人的个别利益损害大家的利益，损害班级的公平。如果你能够时刻站在大家的立场，那么你就会发现大家慢慢都会成为自己的助手。比如，班里有一个专门挑老师不在的时候（自习课等）说话的男生，班长管他，他很不服气，态度蛮横，没想到却遭到了全班同学的一致谴责，他不敢再说话了。

4.4.2.2　善于沟通

班干部要学会善于和同学们交流，甚至是和自己不喜欢的同学交流。敢于制止一些不良的现象，是责任使然，但那只能达到短期的目的，不能摆平他们心中的怨恨。比如，刚才说到的那个自习课说话的男生，虽然迫于压力受到了管制，但是他的心里并不见得就此扭转，反而还会怀恨在心，所以班干部的后期沟通比前期的管理更加重要，不仅要让同学口服，还要心服。班长后来不断去找那个男生谈心交流，才慢慢化解了他的心结，使这件事端彻底平息。这个班长因为善于沟通，不但很好地维护了大家的利益和班级环境，还有效地减少了日后工作中可能的隐患。

4.4.2.3　勤于思索

班干部在班级管理中应学会遇到事情开动脑筋想办法。同样一件事不同的处理办法会产生不同的结果和后续影响。比如，还是自习课说话那件事，如果置之不理就不会得罪那个男生，当然也不必费尽心神地去和他谈话，但作为班长在同学们最需要你的时候不能挺身而出，那么威信何在呢？班干部选择了担当责任，勇于制止，维护大家的学习环境，虽然可能要浪费一些精力与口舌，甚至树立敌对者，但在学生中产生了很高的威信，为日后的工作奠定了基础。

4.4.2.4 学习过硬

作为班干部，良好的学习成绩更是各项素质和能力的见证。学习是中学阶段的第一要任，是学生的天职。如果一个干部因为班级工作耽误了自己的学习，首先说明你没有学习和班级工作二者兼顾的能力。这样无论你的班级工作如何出色，都不能获得大家的认可，因为出色的人总应品学兼优。

俗话说：火车跑得快全凭车头带。一个积极向上的班委会，一群敢作敢为、有思想、有方法的班干部就是一个班级的灵魂，一个班级的支柱。有了在同学中敢说话、说话有人听的班委会，班级就有了凝聚力，也有了班主任工作的抓手。在班委会的带动下，其他同学也会慢慢产生主人翁意识，乐于参与班级各项事务，并在参与中获得自信心、竞争意识、沟通能力、班级荣誉感等多种体验。如此良好的班风就会逐渐形成。

新入职班主任只有利用好这个群体的作用，不断发挥班委会的桥梁、纽带、表率、先锋作用，才能打造出一个优秀的班集体。

4.4.3 明确分工、各司其职

班干部队伍建设的好坏，对于这个班集体是否安定团结、今后各项工作能否顺利开展具有十分重要的意义。学校十分重视班干部的培养，李亚鲜校长也多次在班主任工作会上谈到过班干部选拔、培养问题。作为新入职班主任，听了领导和其他老教师的介绍后，对于班干部队伍建设，笔者也产生了自己的一些想法，具体见表4－1。

表 4-1　班干部的职务、责任和权利

职务	责任	权利
班长	1. 对班上学习、纪律、劳动、卫生和生活情况全面负责; 2. 及时处理班上出现的突发性事件; 3. 研究班上存在的热点、难点问题,并及时与班主任沟通; 4. 协助团支书工作	1. 拥有完成自己任务的全部权利
副班长	1. 负责班上同学的出勤、仪容仪表检查; 2. 负责统计班级的德育量化评比; 3. 协助班长工作	
卫生委员	1. 负责排出值日生表及大扫除岗位人员表,并指导督促同学认真做好本职任务; 2. 对班级卫生情况全面负责,检查眼保健操	
生活委员	1. 做好班费的收支及保管工作,做到账目正确清楚; 2. 登记班级财产,领取班级用品; 3. 督促同学爱护公共财产,及时登记被损坏的公物并报修,登记损坏公物的同学名单; 4. 负责采购班级活动所需物品	2. 对于各项荣誉,首先考虑的是负责该工作的班干部
电教委员	1. 保管好多媒体仪器、电视机; 2. 按规定操作多媒体仪器、电视机,配合老师教学	
文艺委员	1. 负责组织学校的各类文艺活动; 2. 配合艺术老师上好艺术课并组织好班级文艺活动	
体育委员	1. 负责升旗、课间操、体育课及课外活动的队伍集合工作,及时登记请假同学的名字和原因,并及时向相关老师报告; 2. 做好运动会的报名动员及参赛工作	
团支书	1. 对班上的团组织、文艺、宣传情况全面负责; 2. 深入了解同学的思想状况,并做好个别同学的思想教育工作,及时与班主任沟通; 3. 协助班长做好工作	

职务	责任	权利
组织委员	1. 负责团组织的建设和发展； 2. 从团组织的角度做好对学习和生活困难同学的帮扶工作	2. 对于各项荣誉，首先考虑的是负责该工作的班干部
宣传委员	1. 负责黑板报、广播稿的编辑工作； 2. 负责班级文化建设工作； 3. 对班上的舆论导向负责；加强对同学的思想教育	
各科课代表	1. 配合课任老师，及时收发检查作业，保证教学活动顺利进行； 2. 做好对个别学习困难同学的帮扶工作； 3. 协助老师拿取教具及多媒体的准备； 4. 协助老师做好考试成绩登统工作	
各组组长	1. 按时收好作业整理后上交课代表； 2. 负责本组卫生督促检查工作	

第一，思想上：作为班干部一定要树立心中有同学、为同学服务的思想。

第二，岗位设置上：有明确的分工，相应的权利与义务，为了配合班干部工作，在班内设有助理一职，如班长助理、生活委员助理等。

第三，监督管理上：同学监督与教师监督相结合，设立意见箱。

第四，班干部产生上：民主选举为主，自我推荐为辅。（因为班干部毕竟是一班领头人，如果自己有热情但民意不高的话，也很难成为团队的领头人。）

第五，就职仪式上：①播放班歌。②班主任宣布班委名单。③班委集体宣誓：我身为四三七班班干部，要模范地遵守学校、班级的各项规定，积极配合老师完成学校交给的各项任务，树立关心同学、服务同学的意识。恳请全体同学对我们的工作进行监督指导。宣誓人：四三七班全体班委。④班主任提出希望与要求（为同学们服务）。

■ 4.5　重视学生心理关怀

十八大报告指出，教育的根本任务是立德树人。拥有健康向上的心理、积极乐观的人生态度，既是一个孩子成长的关键要素，也是现代教育的应有之义。其实，教育本身就是心灵的沟通。也许，老师一个鼓励的眼神、一次及时的引导、一回温暖的关怀，就可以改变一个孩子一生的命运。学生心理的健康，需要"正能量"的累积，而这，不仅仅是心理教师的工作。在心理健康教育的旗帜下，学校、家庭、社会均不可缺席。毕竟，一个人格健全、身心健康的人才，才是国之所需、国之所倚。

案例分享 1：

小事真情。

冬季，天黑得早，加上有时下雪，所以多提醒同学们上学的路上注意安全；夏季，天气炎热，教室学生又多，所以我经常在课间或自习课上亲自给教室洒水降温；春秋，天气多变，易感冒发烧，所以我就利用放学时间和生活委员一起给教室洒消毒液。每当有同学病愈回到学校时，我总会送去我的问候。有一次，我病了，说不出话来，同学们十分配合我的工作，班内工作一切运转正常。因为我说不出话来，有些同学给我买来了金嗓子喉宝，有些同学还给我发来了问候的短信。其中陈萌同学写道："老师，我们知道您平时很关心我们，现在您生病了，我们同样也很关心您……"语琛写道："军哥，好好养病，我绝不再犯错误了，您放心。"我看到这一切很感动，感动我可爱的学生们对我的理解和爱。"爱无须说，爱只需做！"同学们感受到的你，是平凡生活中的你。点点滴滴的付出，一句话、一个动作、一个眼神，也许就会给学生无限的力量、无限的鼓舞。当你不计回报地奉献时，你是世上得到回报最多的人！这也许就是魏书生先生所说的吃亏是福吧。

案例分享2：

撕掉的检查。

近日，在新闻中听到，山东德州要在全国率先实行青少年犯前科销毁制度，以便让那些曾经犯过错误的青少年有改过自新、更好地重返社会的机会。听到这里，不禁让我想起了我班的后进生——宋某某（化名）。他是从高三降级来到我班的，父母离异，性格冷漠，经常逃课、迟到、早退……进班一个月，说明书写了五次、年级问题学生档案记录三次，已到了开除的边缘。有些同事私下和我说，他自己走到了这一步，上报学校开除他算了（高中属非义务教育可以开除学生），要不然早晚会给你惹出大麻烦。的确如此，在如今一个问责制的年代，谁不为自己想一想呢！少一点隐患、多一分安全，可是我们对于后进生教育的目的不是开除而应是转变呀。为此，我决定找一个机会和他进行一次深入"话聊"。有一次，课任老师在和我谈论班级近况时无意中说了一句，宋某某昨天居然交作业啦。"交作业"，我心中暗喜，机会来了，为了趁热打铁鼓励他的积极性，我找到他进行了一次深入"话聊"。在他的意识中认为：反正我多次犯错早已记录在案，已经算是"有前科"的人了，再多几次也无所谓了。"'前科'？为什么这么说自己呀！""不是吗？我早已写进问题学生档案了！"我看他对问题学生档案如此在乎，我突发奇想，当着他的面给他拿出了三次问题学生档案记录表，说道："只要你认真遵守学校纪律，努力学习，我会把问题学生档案记录表当着你的面销毁！""销毁？"他先是惊讶，随即又满脸疑惑！为了打消他的疑虑，我毅然拿起一份问题学生档案记录表，当场撕掉！碎片交于他的手中……见此，他惊呆了，过了好一会儿，他才缓过神儿来，眼中含着泪水，给我深深地鞠了一躬，手中紧紧攥着碎片转身离去……

后来他真的变了……事后我也不断反思，班主任工作是一项研究人、教育人和富有创造性的工作。在班级建设中，班主任可以采取多种方法来加强对学生的教育和引导，其中，正面激励还是行为上的激励的作用均不可低估。

激励教育，侧重于研究如何调动人的积极性，如何有效地开发、利用人力资源等问题。运用激励理论调动学生的积极性，挖掘学生的内在潜力，对搞好班级建设，培养学生成为德、智、体、美、劳全面发展的社会后备人才，具有重大的现实意义。

行为科学的研究资料表明，一个人如果受到正确而充分的激励就能发挥其能力的80%～90%，甚至更高；否则，在长期得不到激励的时候仅能发挥其能力的20%～30%。比方说，学习能力相近的学生经过一段时间后出现好坏相差很大的分化现象，甚至可能出现学习能力差的学生大大超过学习能力强的学生，究其原因，是激励因素起了很大的作用。行为科学认为，每个人都有一定的目标，都有一种得到满足的需要，而调动人的积极性是实现这些目标的有效办法。行为科学还认为，激励力量的大小取决于目标效价和期望概率的乘积。目标效价越高，实现的可能性越大，激励的力量也越大，反之亦然。

根据行为科学的这些原理，为使激励教育发挥最大效应，笔者认为，在班级建设中应建立完善的奖励制度。班级可考虑开设一些奖项，譬如活动积极分子奖、学习成绩明显进步奖、单科成绩优异奖、各类竞赛奖等，一支笔、一本笔记本、一本知识丛书，都将成为对学生某个阶段学习或工作的评价和认可，进一步激励学生在新的起点继续努力；同时，在颁发奖励时又针对获奖同学的特点给他们量身定做"颁奖词"来激发他们的内在潜力。笔者给部分同学的"颁奖词"如下。

何立超同学：生活委员这一看似平凡的岗位却体现了一份特殊的责任，正是因为你坚守了这份特殊的职责，才使我们拥有了整洁的学习与生活环境，"一人脏，换来万人洁"是你无悔的追求，八二班为有你而自豪！

徐珊珊同学：鲜明的个性是你身上时代的烙印，朴实的外表是你内心真实的写照。你是一个有梦的女生，也是一个不甘落伍的战士，奋发图强是你的品性，必将引领着你及全班同学冲向知识的巅峰！

史得胜同学：身为班长的你，始终在努力践行着你作为一班之长的那份沉重的职责。为集体、为他人，同时也为了自己的梦想而努力工作学习。奋斗是无止境的，为同学服务也是无止境的，努力吧，得胜！作为梦的引领者，你一定会把八二班带到梦的彼岸！

曹龙龙同学：艺术节上的一曲《奔跑》至今我们还记忆犹新。记忆的不是歌声而是那份为班争光的心声，用心的记忆是最美的，让我们在彼此的心中保留那份美，慢慢使之沉淀于心底成为"甜蜜的负担"。

任意同学：身体强壮的你给人带来安全的感觉；面带微笑的你给人带来无比的亲和力。强壮的身体是你为同学服务的基石，春一般的笑容是你和同学心灵沟通的纽带。春是一个幻想般的季节，让我们在这幻想般的季节里播下希望的种子，静静守候秋的果实！

刘灿同学：话不多的你用学习证明着你的实力；话不多的你用行动感染与带动着大家一路同行。路上因有你同行而不孤单；路上因有你同行而不放弃。学习是件"苦差事"，而你却为班里树立了以苦为乐的学习态度，我们大家感谢你！

我希望这一枚枚"重磅情感炸弹"能够激发孩子们学习的动力，促使他们奋发进取，笑迎明天！

■ 4.6　家校沟通形成合力

4.6.1　班主任和学生家长沟通的艺术

作为一名班主任，与家长沟通、交流是不可避免的。尤其是作为青年班主任，如何更好地与家长沟通、交流，能否得到家长的信任与配合，是今后班级工作成败与否的关键。只有得到了家长的信任与配合才能形成教育的合力，学生才能更健康地成长。笔者认为在与家长沟通、交流时要注意以下 4 点。

①充分准备好第一次家长会：俗话说，第一印象很重要。尤其作为年轻的班主任，因为太年轻，所以家长会对你的工作能力和教学能力产生怀疑，这是完全可以理解的。试想，当你去医院看病时，是希望实习医生还是有着丰富经验的老专家给你看病呢？答案不言而喻，因此，年轻班主任要充分理解家长的忧虑。毕竟教育是一个培养人的过程，这个过程对于每个个体来说都是不可逆的。我们教育上 1% 的失误（一个学生没教育好），对于整个家庭来说就是 100% 的灾难。所以，为了尽量减少家长的担忧，请充分准备好第一次家长会，得到家长的信服。

②语言上对家长要诚恳：帮助家长们分析自己孩子的优点与不足，优点最好当众讲，不足最好私下谈。语言要客观公正，切忌讽刺、挖苦学生和家长。

③行为举止要得当：作为年轻教师这一点更为重要，因为你所面对的家长（从年龄上讲）大多数是你的长辈，你的举止会直接影响你在家长心目中的形象，甚至家长对于整个学校和教育工作者的形象。

④让学生们做好你和家长之间的联络员：有些学生会在家里向家长讲述学校里的事。这时教师本人正面的信息会对家长产生正推力；反之，则不利于教师与家长的沟通。

总之，作为年轻教师的我们，要真诚地与家长沟通，得到家长的理解与支持，让家长深信我们不会让年轻成为做不好工作的借口，而要让年轻成为做好工作的资本。

4.6.2　在家长会上分析成绩下滑原因和解决方式

4.6.2.1　对知识的掌握不够扎实

对一些基础知识的题目不能很好地作答，如语文表现在诗文默写不准确、错别字多、名著阅读人物概括不准确、审题不仔细、答非所问、语言不简练。数学基础知识、基本技能、基本数学思想和方法、基本数学活动经验的落实还存在一些问题。英语单词不认真记忆，阅读中没有领会命题人的意图，对句子和文章的理解不够透彻，在选择答案时出现了失误。物理题读不懂题意，不能从题中获取有用信息，缺乏解题技巧。化学用语不过关，化学式与化学方程式等掌握不清楚，平时做题太少。

4.6.2.2　各种能力的欠缺

对运用知识分析问题、解决问题的能力较差。在平时上课时听讲不仔细，做练习时不注意步骤和细节，更不注意自己的归纳和总结。这就导致在考试时做题速度慢，解题步骤不完整，条理性不强，语言表达不规范或表达不清楚。要知道，在试卷的批改过程中，如果步骤完整、条理性好，即使最后答案错了，都能得到大部分分数。如果答案正确，而步骤不完整、条理性不强，可能会失去大部分分数。

4.6.2.3　不把学习当回事，马马虎虎

在学习上没有表现出强烈的进取心，抱着得过且过的心态，学得很轻松，成绩也就不是很突出。有些小聪明，就更加不肯用功了。回想在初中，平时成绩还与别人不相上下，但中考时却与别人拉开了较

大差距，这不能仅仅说是考场上失利了，考得不如别人，说明平时学得就不如别人，尤其是语文、英语等要靠长期积累的学科。可能在一章一节的考试前，在初中是仅凭聪明、搞点短期突击可以取得一点较好成绩的，但别人靠的是平时的日积月累，靠的是大刻苦，而不是小聪明。在高中，知识多、应用灵活多变，学习不是靠几天的突击就可以奏效的，如果不改变过去的学习方式，一味地靠老师管卡压，而不是主动地去学习、思考、钻研，在学习上与别人很快就会出现更大的差距。如果抱有这样的侥幸心理，认为在高中可以如法炮制，那是非常危险的。如果认为现在是高一，还早，不肯努力，等分班后才开始努力，肯定可以赶上来，那更是大错特错了。一定要放弃这种想法，从现在开始脚踏实地地学习。

4.6.2.4 偏科严重，要引起重视

如果说理科差或文科差还可以通过分科扬长避短，但数学和英语差就选哪一科都不行。所以总体而言，原因是在对待学习的态度上不如别人认真，在学习过程中克服困难的意志不如别人顽强，对于知识的钻研和思考不够。在学习上，绝对是态度决定一切，细节决定成败。一定要通过自己的努力和反思，找到适合自己的学习方法，不断提高成绩。学校教育的形式是群体性的，一个老师至少要负责几十个学生的教育教学工作，所以学校不可能像父母那样有足够的时间和精力，把教育的对象集中在一个学生身上，从教育的全过程来看，无论是在教育的时间和精力上，还是在教育的对象和情感上，家庭教育始终占有特殊的优势地位，其潜在能力是巨大的。有这样一种现象：孩子在同样的年龄段里，同时走进同一所学校，在同样的班级里学习，授课

的时间是相同的，教育的环境是一致的，然而接受教育的效果却截然不同，这种分化的原因，并不在于学校教育质量，而在于家庭教育的配合上。有这样一个比喻，老师好比医生，父母好比护士，医生开药后，护士的护理就显得尤为重要。学校教育永远离不开正确的家庭教育，假如没有良好、正确、合理的家庭教育相配合，再好的教师，再好的学校也不可能产生好的教育效果。家庭教育的失败，往往导致学校教育事倍功半。为此，要与学校在以下 9 方面形成共识。

①要掌握孩子的特点，有的放矢地进行教育：他们正处于青春期，精力充沛，好奇心强，但自己的愿望与实际能力有着很大的距离，他们总认为自己不再是孩子了，总想摆脱老师和家长的束缚，有事不太愿意与父母及老师交流，情感脆弱，做事莽撞，不计后果，冲动和好奇是他们的最大特征。这时，父母一定要细心观察，悉心引导。在教育上，更应讲究方式方法，态度不能粗暴，语言不能过激。家长要尽量抽时间与孩子们在一起，与孩子沟通，学会平等地与孩子一起看待他们成长中遇到的问题。平时要和孩子多交流，询问学习情况，不能等成绩出来了，问题出来了才想到去关心孩子。关注孩子的心理问题和早恋问题。独生子女容易以自我为中心，事实上，只靠老师教育还是不够的，家长更应关注。在教育孩子的时候要把握好尺度，特别是纠正孩子的关键性缺点时，一定要考虑成熟，选择最佳时机和地点。

②要全面准确地估计自己的孩子：这种估计不能过高，也不可过低，过高和过低都会导致家庭施教的不准确。错误和不准确的估计会影响孩子的学习成绩和学习情绪。

③要正确看待孩子的分数：时代变化了，人才的标准也在变化，

分数不能决定一切，高分未必高能，只有素质综合，全面发展，有较强的适应能力和创新能力的学生才能适应未来社会的竞争和挑战。爱因斯坦初中未能毕业，爱迪生小学被称为笨蛋，他们却成为对人类贡献卓著的科学家、发明家；比尔·盖茨大学都未毕业，却能成为世界首富。因此，我们应树立新的人才观。孩子学习成绩好，并不意味着其思想好、能力强；孩子暂时成绩落后，并不意味着其思想差、能力弱。不能认为分数就是一切，考试分数高，要引导孩子不要自满，山外有山，人外有人；考试分数不理想，应该心平气和地与老师、孩子一起研究存在的问题，既要与同学比，更要与自己比，比较前后几次考试，看是否退步，原因是什么。比较各科之间的成绩，看哪科是弱项，就多花些时间补上。

④要多给孩子一点信心，做孩子成长强有力的后盾：由于孩子的个体差异，免不了成绩有好有坏，由于孩子不肯学习而导致的成绩差，就应当适当批评；如果孩子尽力了，成绩却不怎么理想，更应该给他信心，而不是一味地给他泼冷水，这样反而会使他对学习产生反感的情绪，应特别尊重孩子。孩子们这样写道："如果我考试成绩不理想，爸妈肯定会阴沉着脸，这对我的自尊心杀伤力为100%。""我最不能容忍的是父母对我藐视的态度，那时候我想对他们说，你们有没有考虑过我的自尊心？你们以为我不想考好吗？我就怕考试，怕回家看到爸爸失望冷酷的脸。"多听听孩子的心声，不要一味地斥责孩子，要帮助他们分析自己存在的问题并寻找对策，这样孩子才不至于产生逆反心理，才愿意和你交流。面对行为习惯差的孩子，家长不应该一味地责备，更不应该放弃，要多鼓励，帮他们建立信心，培养他们积极乐

观的人生态度，善于发现他们的长处，耐心地引导孩子正确地看到自己的不足，共同制订计划，帮助他们改正缺点。

⑤要教育学生遵守纪律：家有家法，校有校规，班级也有班级的纪律，这些规定和纪律是同学们提高成绩的保证，只有好好遵守纪律，才能形成一个良好的班级，才能全面提高学生的水平。要让学生明白：一个懂得规矩并且自觉遵守规矩的人，才能够时刻按照规矩办事，才能够进步。不要幻想什么绝对的自由，绝对的自由带来的是绝对的放纵，是没有什么好结果的。假如哪个学生在遵守纪律方面做得不好，不仅仅是对自己的伤害，对于那些刻苦学习、一心求学的学生来说也是一种伤害，对于班集体也是一种伤害。对其他同学不公平，这是我们不愿意看到的，也是绝对不允许的。应教育孩子在学校要服从老师的管理，尊敬老师，不顶撞老师。

⑥教育孩子遇事多做自我批评：在与其他同学发生口角或矛盾时，孩子诉说自己受到的委屈时，先让他从自身找原因，不要总是帮孩子说话，不然会纵容孩子的缺点。受到老师批评时，要让孩子分析：班主任和老师为什么批评你，是老师找你的茬吗？自己有哪些不对的地方？任何时候严格要求都对学生有利，老师的批评教育是对孩子负责，表扬是爱，批评更是又一种爱。孩子毕竟是孩子，说的话有时并不一定是真实可信的，要相信老师的话，并请家长主动与班主任和课任老师交流，了解真实情况，相信很多误解通过沟通是完全可以消除的，这样更有利于孩子的成长。

⑦要与老师坦诚相待，保持一致，形成教育的合力：在现代社会中，一方面，家长必须依靠学校让孩子接受系统的知识学习，在这一

点上，家长无法取代学校教育；另一方面，学校只能承担起教育孩子的一部分，家长如果把教育责任全推给老师，是一种失职。尤其是品德教育、习惯养成、性格培养等重要教育任务，更需要家长与教师的合作，才能完成。当然相当多的家长都很重视家庭与学校的教育合力。在这种情况下，笔者认为家长与老师要坦诚相待，相互交流，相互包容。作为家长，要正确对待教师的不足，人无完人，教师的水平有高有低，出现失误和不足在所难免，家长应与教师沟通解决分歧和看法，一定要维护教师在孩子心目中的威严，不能在孩子面前议论教师的不足和短处，更不能贬低老师，坚定地站在学校教师一边，同样教师也会维持家长的形象，那样教育才能形成合力。孩子还小，一旦教师在他们心目中失去了应有的地位，那么连同这门功课，他们也会拒绝学习，这样的话，孩子的损失就大了。作为教师，也要充分理解家长望子成龙、望女成凤的迫切心情，全身心投入工作中，教好书，育好人，让学生满意，让家长放心。常听有些家长说："我的孩子小学时成绩和行为习惯都很好，怎么到你们学校就变了？"这反映了家长对孩子的了解不够客观全面，年龄环境都在变化，中学和小学有很大的不同，孩子在成长中会出现新的问题是正常的，要正视这些问题。只要相互理解，互相支持，就一定会收到好的效果。

⑧不娇惯孩子，学会对孩子说不：以色列有句名言："再富不能富孩子。"要让孩子吃苦，培养孩子艰苦朴素的生活习惯对孩子成长是有利的。给孩子的钱要控制，并应问孩子是怎么花的。

⑨教孩子为人处事的原则方法和技巧：不在同学间、师生间传播一些制造矛盾、不利团结的话，更不能传无根据、添枝加叶的话，让

孩子做一个光明正大、诚实的人，胸怀大度，心胸宽广，小事不要放在心上；告诉孩子，一个斤斤计较、小肚鸡肠的人是成就不了大事的。遇事要冷静，多做自我批评，互谅互让，不要意气用事，盲目冲动。

尽管在教育孩子上付出了很多心血和汗水，尽了最大的努力，也取得了很多成绩，但我们的工作肯定也存在不少问题，离家长对优质教育的要求还有距离，因此，一定要虚心听取各位家长合理的意见和建议，百尺竿头，更进一步，力争把工作做得更好。让我们互相理解，互相配合，携起手来，为了孩子美好的明天，努力吧。

4.6.3 用真诚打动家长

一天中午刚要下班，听到一个男人嚷着"一九二五班在哪儿？我的孩子在这儿就不能受欺负，把打人的孩子和家长给我叫来，看我怎么收拾他们！"这就是这次事件的男主角何某的爸爸！起因是他的孩子和另一名同学发生了不愉快，给他打电话了，何某的爸爸不分青红皂白就来了，还带着一位随从！笔者告诉他，学校只能让孩子的监护人进来，如果不是，请到校外等候。把家长劝回了办公室，笔者先安抚家长的情绪，请他先坐下，递给他一杯水，并让班主任张老师把学生叫下来询问情况，原来该学生没打没骂就是自己心里不痛快，觉得委屈。这时笔者说话的底气一下子足了起来："何某爸爸你听到了吧？作为一个成年人，对老师尊重与否不说，冲到学校不问缘由就大叫大嚷像什么样子，你就是这样给孩子做榜样的吗？你让孩子如何尊重老师，谁还敢管你家的孩子，孩子发展好了受益最大的是孩子和家长。做起事来怎么那么冲动，如果对方的孩子也给家长打电话让家长过来，你是不是得跟人家打一架？不管双方谁受伤害都得付出代价，两个家的幸福就毁在你的手里了，有多少亲朋好友都会为你难过，你想过没有？"这时他接了个电话说："没事儿，你们别来了！"笔者一听，应该是来之前召集了"人马"，就说了句："你真有能量，就是没用在正事儿上，现在是法治社会，冲动是要付出代价的！你先到外边冷静一会儿，我跟孩子谈谈！"何某的爸爸不好意思地挠了挠头说："不好意思老师，是我太冲动了！"接着笔者把孩子叫进来，从头到尾了解了来龙去脉，听了孩子的陈述，首先觉得特别理解孩子，在理解的同时给孩子分析了原因，告诉孩子应该正确地看待人际关系，志同道合就成为好朋友，不合就做普通同学。自己优秀了，优秀的朋友自然会越来越多，改变不了别人就改变自己！那名同学不努力，他自己应该受到谴责，而不是你拿他的错误惩罚自己，使自己受伤害，要学会保护自己。除了保护好人身安全，也得把心灵保护好，把事情向积极的一面看！我把刚才跟他父亲对话的那一段，如果打起来了的结果跟孩子又说了一遍！告诉他，在学校有事先找班主任帮忙解决。孩子感到后悔了，知道错了，我给他点了个赞，孩子高高兴兴地走了！我又把他父亲叫进来，问他："你了解孩子多少？"他说不出来，我告诉他刚跟孩子聊的时候发现的一些问题，很大一部分跟他有关系，他要愿意听就说，不愿意听就可以走了！他点点头说愿意听。我把给孩子谈话的内容告诉他，他很惊讶！我说他对孩子关心太少了，开学一个月不知道班主任是男老师还是女老师，走到门口问门卫这是不是孩子的学校，孩子在哪个班？笔者还把刚才闯进校园给自己孩子造成的影响一一给他分析，把他替孩子"出气"的隐患也一一列出来。这都是平时家长教育不当造成的，并告诉他以后怎样正确地教育孩子和如何做家长。该家长甚是高兴，非要请老师们吃饭，被笔者委婉拒绝了。最后他深深地鞠了一躬，揉了揉发红的眼睛，带着孩子走了。

在工作中我们会遇到形形色色的家长，当与家长交流时，首先，应该先明确我们的目的，一切都是为了孩子更好地成长出发，家长和老师、学校的目的永远是一致的，当出现不一致时要心平气和地商量；其次，先给家长说孩子的优点，让家长觉得孩子有很大潜力，再说孩子的缺点或错误，家长容易接受；再次，告诉家长应该怎样配合老师和学校一起帮助孩子成长，自始至终让家长觉得都是为孩子着想，当孩子犯错误时要学会承担而不是逃避和找借口，培养孩子的责任感。即使对学生进行惩罚，家长也愿意积极配合！

■ 4.7　依法惩戒树班规

当今社会法治精神已深入人心，作为新入职的班主任更应学法、懂法、守法、用法，与时俱进。依据国家与河北省新出台的《中小学校学生违规行为惩戒实施暂行办法》，依法惩戒树班规。

4.7.1　开展"2F"活动，培养学生的责任和担当

"2F"活动是两个负责活动，即对班级负责，对自己负责。

4.7.1.1　扣分制度

①按时到校：上学迟到者扣 5 分/次，无故不参加升旗仪式算旷课

一节。上课迟到或早退者扣2分/次。迟到超过15分钟、旷课或星期一未参加升旗仪式，扣5分/次。

②上课认真听讲，虚心接受老师的批评教育：被老师记载批评者扣2分/次，情节严重者、与老师顶撞者扣10分/次。

③注意仪容仪表：在校期间一律穿校服、挂校牌，违反者扣5分/次。女生不准化妆，不准佩戴饰品；男生不留长发，不准戴首饰，违反者扣5分/次。

④进校不带手机等电子产品：一旦发现，扣5分/次。

⑤服从分配认真做好值日生：无故不参加值日的同学，扣5分/次，并且罚值日一周，取消评优资格；值日生工作认真负责的予以表扬并加1分。

⑥认真做、跑操：无故不参加者扣5分/次，动作不准确，讲话被点名者扣5分/次。

⑦认真做好眼保健操：不做、睁眼、手不动者或讲话给本班扣分者扣2分/次。

⑧按时完成作业：未及时上交作业者扣2分/次。

⑨遵守请假制度：未经请假算旷课处理，扣10分/次。病假无家长假条和病假证明作旷课处理。

⑩故意损坏公物者，除照价赔偿外，扣10分/次。

⑪本学期有重大违纪受处分者扣20分/次。

注：凡为班级扣分者必须为班级做一件好事。

4.7.1.2　加分制度

①上课自觉遵守纪律，认真听讲，被老师点名表扬者加2分/次。

②积极参加校内、校外活动（竞赛、文艺汇演等），参与者 5 分/次，如果校内获奖每次加 10 分/次。省、市级的加 15 分。

③除板报小组外帮助出黑板报的同学每次加 3 分/次。

④积极参加班会活动，参与者加 2 分/次，主持和策划者加 5 分/次。

⑤运动会参加者加 5 分/次，获奖者按名次加分。

⑥本周获得卫生红旗，值日生每人加 1 分/次。

⑦本周内获得两操红旗和纪律红旗，每面红旗全班每人加 1 分/次。

⑧关心集体，热爱班级，积极为班级做好事者加 2 分/次（惩罚除外）。

4.7.2　对学生的惩罚，态度要鲜明

俗话说，没有惩罚的教育是不完善的教育。我很赞同这样的提法，但如何惩罚呢？罚到什么程度呢？这可是一门艺术，值得我们每个教师深入思考。

五八九班是本部的普通班，而且绝大部分是"00 后"的学生。在与他们的交流过程中笔者深深地感到：他们要的是独立自主，看重的是公平和民主，喜欢的是个性自由，缺少的是谦逊刻苦。大部分同学对教师的惩罚所持的态度是：真错了可以罚，但要留有面子；惩罚要公平、公正，不能好学生一个样，差学生一个样，要一视同仁！针对"00 后"的特点，笔者和班委同学一起制定了《四三七班惩罚措施实施细则（班规补充修订）》，细则如下：①本着尊重每一位学生的原则，不在公共场合批评某个同学，但可对整体进行必要的批评；②每人有三次犯错误免受处罚的权利（所犯错误达到一定级别的，按校规

处理，如打架等）；③犯错误三次以上者写1 000字说明书并启动班规程序。

每个学生都有犯错误的权利，但是每个学生都没有总犯错误的权利，尤其是总在一个问题上犯错误的权利。若一个学生犯了一次错误，班主任就认为这个学生不行，对他不依不饶，那就犯了"以偏概全"的错误了，那是"赶尽杀绝"的做法；倘若一个学生多次犯错误而班主任置若罔闻、不理不睬，那就是犯了"渎职失职"的错误，是"放任自流"的做法。真正的班主任（教师）对待犯错误的学生的态度应该是"惩前毖后，治病救人"！

■ 4.8 新入职班主任应学会带班规划

俗话说：凡事预则立，不预则废。许多老教师说过："我们留给孩子们的更多的是某种精神而不是知识本身。"作为一名班主任，从走上工作岗位的那一刻起就应时时在想："我要建立一个怎样的班集体？我要培养出怎样的学生？三年后我要让我可爱的学生们在高中阶段得到什么？"

青春是美好而短暂的，班主任有义务也有责任让可爱的学生们度过"充实、丰富、有意义"的高中三年生活。充实指不虚度年华（学习、生活有目的、有步骤、有计划）；丰富指青春年华多姿多彩（强调人的全面发展）；有意义有两层含义：①指他们的充实、丰富是有目的、有步骤、有计划且全方位的，三年后他们就学会了如何安排和规划自己的生活；②指在他们充实、丰富的高中三年生活中必然会碰到各种道德层面的问题（如何与他人合作、意志品质的问题等），三年后，他们就会初步培养起良好的行为规范，这将使他们终身受益！

带班是一个以三年为一周期的系统工程，因此，必须根据学生成长发育的规律、教育教学的规律做出三年的整体规划。班主任应根据学生特点（中考成绩普遍很高；绝大多数来自市区），结合学校有关教育教学的总体要求，制定三步走"战略"，即高一，亲情教育（管理）——亲其师，信其道；高二，目标教育（管理）——低效率缘于目标不明确；高三，责任教育（管理）——做一个勇于担当的社会人。这些规划只是使三年的教育教学有了大体方向，而非固定模式。这些规划的落实还需要每个人在尊重客观规律的同时充分发挥主观能动性。笔者认为，教育教学要达到的高境界是：教育的最终目的就是让学生学会自育；教学的最终目的就是让学生会学而不是学会。

4.8.1　新入职班主任个人成长计划案例

时间飞逝，一转眼笔者已经从教五个年头了，在这五年来的工作中有过欢笑、有过泪水，有过甘甜、有过心酸。笔者从 2005 年 9 月初为人师的新奇、喜悦中逐渐走向成熟、平稳。每天奔波忙碌着备课、上课、批改作业，急急忙忙地应付着各项任务，似乎从没静下心来考虑过"我要成为一个什么样的教师"这个问题。转眼间，已快进入而立之年，是时候该静下心来，好好思考一下自己未来的路该如何走了，让自己的心不再有感叹时光飞逝的无奈，让自己匆忙的脚步拥有从容前行的动力。

4.8.1.1 自我剖析

4.8.1.1.1 优势

①具有强烈的责任心，工作作风踏实、认真；

②与同事相处融洽，能虚心地向他人学习，也能将自己所学所思与同事交流互补；

③有五年的课堂教学和班主任工作实践经验，敏于发现，勤于思考；

④有着一颗热爱学生的心，能与学生互相沟通；

⑤能够熟练地掌握现代信息技术，并灵活有效地为教学所需服务；

⑥能积极参加学校的各项活动。

4.8.1.1.2 弱势

①在专业知识、专业素养方面还不够，尤其是教育专著读的较少；

②缺少教学科研的能力，离研究型教师的路还很远；

③个性中缺少一些张扬，适度的张扬有助于教学；

④对于课程开发研究的能力还只是停留在较浅的层次。在课堂上还没有形成自己独特的教学风格，虽掌握了一些方法，但不能做到游刃有余；

⑤作为一个教师，虽敏于思，但惰于笔，不善于整理与总结。

4.8.1.2 个人发展计划

根据本人的个性，结合本人优缺点，特制订以下个人成长发展计划。

①学会有计划地做事；

②结合自身的政治教学，主动学习新课程。每学年至少撰写一篇

教育教学论文，并力争发表；

③每月撰写一篇质量较高的教学反思或研究心得；坚持将课堂中灵光一闪的精彩记录下来；

④每学期认真阅读一本教学理论专著，平时广泛阅读教育教学类杂志并认真做好读书笔记，提高自身素养；

⑤整理班级工作五年来的教育案例，力争在国家级核心期刊（如《班主任》）上发表文章。

4.8.1.3　具体措施

4.8.1.3.1　专业水平的提高

①学习教育理论，在理性认识中丰富自我。

认真阅读《课程标准》《教学用书》等有关资料，钻研新教材、新课标，研究教法，体会新课程的性质、价值、理念，提高自己的业务能力。多看权威性的教育类期刊，如：《中学教学设计》《中学政治教学》《中国教育报》等，了解更多著名教育专家的观点，了解当前的教改动态，这些对自己今后的教育教学工作都具有指导意义。

②专业素质的提高，在吸纳中充实自我。

与学校老师共同探讨，互相帮助，坚持教学相长，获得自我发展。勤听课，通过课堂听课，与授课者进行交流与沟通；勤质疑，勇于提出自己的问题或不同观点，在共同探索中达到共同进步；从中得到真切的感受，不断完善自我，促进个人专业知识的提升，让自己与新课程同成长。

4.8.1.3.2　日常教学常规的扎实与提升

精心备课；细心批改每一本作业，探索创新性作业并及时做好批改记录。有教案、不迟到、不坐着讲课、不提前下课、不拖堂、不挖苦讽刺学生；尤其要多关注后进生，采用"一帮一"方式，以优带差、小组竞争的方式提高教育教学质量和良好习惯的养成，切实促进后进生各方面能力的提高。

4.8.1.3.3　勤于反思，完善自我

学会思考教育问题，积极地把先进的教育理念转化为教师的行为，从反思中提升教学研究水平。每节课后，把自己在教学实践中发现的问题和有价值的东西赶快记下来，享受成功，弥补不足，在总结经验中完善自我。

4.8.1.3.4　练就自己扎实的基本功

"钢笔字、粉笔字、普通话"是教师的基本功。如能写一笔好字，不仅看着潇洒悦目，更能影响可塑性强的学生。

4.8.1.3.5　利用信息技术手段辅助教学

充分利用网络优势，学习教育教学方面的新思想，掌握新方式，运用新理论，提高教学效果。利用课余时间向计算机能手学习，提高自己的计算机水平。

4.8.1.3.6　始终保持教育的情怀——激情

教育是一项需要献身的职业，也是一个充满爱心的职业。若要挑起这份重担，就需要有为之献身的激情。作为一名教师，我们既要勇于冒尖，又要甘于寂寞。虽然我们是清贫的，但我们也是富有的，因为我们在用自己的爱心塑造着一群群鲜活的生命。

没有教师专业水平的提升，就很难有高的教育质量；没有教师的主动发展，就很难有学生的主动发展；没有教师的教育创造，就很难

有学生的创造精神。在教育教学的道路上，只有怀着激情去实践和反思，才能尽快跟上时代发展的步伐，才能尽快成长为一位优秀教师。

■ 4.9 多途径学习提升自我

4.9.1 要把书教好，唯一的捷径就是读书

最近在李镇西老师工作站微信公众号上看到这样一个帖子：何老师的一句话让夏昆醍醐灌顶——"要把书教好，唯一的捷径就是读书!"，老师建议他去读《二十四史》。何老师认为，文科老师应该有史学功底。听从师命，夏昆从 1998 年开始阅读《二十四史》，3 213 卷约 4 000 万字，夏昆整整读了 14 年! 夏昆说随着阅读的深入，他越来越深刻地体会到何老师当初告诉他的那句话——"语文的根就扎在历史里"。历史就像一棵根深叶茂的大树，文学就是上面的花、叶、果，单独的花、叶、果，它们的联系是不强的，它们的存在感是很弱的，当你把历史的线打通以后，所有的东西都是互相联系的，这个时候你才可能开始建立知识框架和体系。夏昆谈到，读《二十四史》的收获，不仅仅是提高了古文水平，最重要的是这十四年养成了读书的好习惯；学会了系统阅读；学会了适合自己的基本读书方法。他说："读什么书、怎么读，都是自己的事情，就像谈恋爱一样，别人喜欢的，你自己未必喜欢，重要的不是要老师们都去读《二十四史》，而是要有读书的姿态。"夏昆认为，读书确实是让年轻班主任快速成长的捷径!

4.9.2　《谁动了我的奶酪》给予的教育教学启示

①"奶酪对你越重要，你就越想抓到它。"——之所以可爱的学生们有的沉湎于网络而放弃学业，就是因为他们认为网络对于他们很重要，因此，我们应该从学生们开始学习的那一刻起，就让他们知道并理解学习的重要性，这样他们才会乐于学习。

②"如果你不改变，你就会被淘汰。"——现在社会发展很快，尤其教师职业，不能墨守成规。因为每一届学生有每一届学生的特点，我们做教育教学工作的就不能一劳永逸，否则我们就"OUT"了！

③"朝新的方向前进，你会发现新的奶酪。"——在班级和教学工作中要敢于大胆前行，大胆创新，善于综合运用多种手段丰富课堂，激发学生的学习兴趣。

④"当你超越了自己的恐惧时，你就会感到轻松自在。"——年轻教师初登讲台，紧张在所难免。但是不要紧张，那是你通向自由王国的必经之路。我认为教师在课堂上的表现从幼稚到成熟大致可以分为三个阶段：a. 有什么说什么（完全按照教案来）；b. 想什么说什么（在教案基础上有了些个人发挥）；c. 听什么说什么（在前两者基础上充分听取学生看法，达到师生充分互动）。

⑤"在我发现奶酪之前，想象我正在享受奶酪，这会帮助我找到新的奶酪。"——这句话对高三学生很有用。让他们还在艰苦奋斗时，想一想高考后的喜悦，有助于他们更好地投入艰苦斗争中去。

⑥"越早放弃旧的奶酪，你就会越早发现新的奶酪。"——学会了有选择的放弃，就学会了生活。

4.9.3 听《老梁说天下》后的思考

每周六晚上九点，笔者都会如期打开收音机收听中央人民广播电台《老梁说天下》节目。在一期节目中，老梁谈到了政府公信度的事，他举例说道，在国民党政府统治时期，如果听说有人被捕入狱，大家一定会认为他是民族英雄。他没有错，是政府的不对。这是因为国民党政府失去了公信力；现如今，政府要逮捕了一个人，老百姓一定认为是他犯了错，应该逮捕他，这就是政府的公信力。

这让笔者联想到了在班级管理中，为什么有些老师罚一个犯错误的学生（学生确实错了），而大多数学生却把他视为"英雄"呢？这和班主任在这个班的公信度有很大关系。笔者在和外班的一个同学聊天时，问他："你们班主任很尽职尽责，为什么你们大多数还如此反对她呢？"那位同学说道："其实我也知道我们班主任很负责任，但是她欺软怕硬。有一次，我们班两个同学迟到，一个是学习很好也很老实的同学，一个是学习很差也很调皮的同学。班级规定，迟到者罚站一节课，但班主任却让调皮的坐下，老实的站着。我们都很看不过，都很气愤，所以我们认为站着的是'英雄'，大家抢着当'英雄'"。

4.9.4 做生活中的有心人

留心生活、细心发掘，其实我们身边有很多很多的教育资源，可以为我们的教育教学所用。这是作为年轻教师的我们所必须具备的能力。下面就是笔者通过各种渠道获得的教育教学资料，有来自媒体的，有来自书本的，还有的来自老师和领导们的谆谆教导的字里行间……

现归纳如下：①2007年湖南卫视的《红歌会》用歌唱的形式对广大学子进行爱国主义教育；②魏书生先生《班主任工作漫谈》中的"选举说话大王"管理班级效果很好；③收音机里曾经的《美文共赏》节目和每晚的中国之声新闻报道；④学校举办的十佳主题班会课活动，通过观看受益匪浅；⑤动画片《抢枕头》很有教育意义。

老教师们的谆谆教导虽没有华丽辞藻，也许有些还是老生常谈，但这些都是老教师们多年的心血精华，值得我们新入职班主任去体味和思考。

黄校长：年轻人要眼里有活、心里有事。

赵书记：老老实实做人，踏踏实实做事。

李梅校长：年轻人一定要多挤时间来看书。

宋校长：班级工作要不达目的不罢休。

李占才校长：学生工作要反复抓、抓反复、找到位。

李亚鲜校长：自己孩子自己抱，每个人管好自己那摊事儿。

田淑坤老师：要对得起孩子们，要负责任。

刘雅娟老师：要教会学生选择。

李铁双老师：我们遇到好的伴侣幸福一生，好的事业成就一生，好的环境快乐一生，好的老师智慧一生。

王艳玲老师：不要只想通过批评别人来改变别人。

郭山老师：合作是竞争的最高境界。

4.9.5　有关学校建设给班级管理的启示

无意间在河北频道《都市印象》节目中看到这样一则报道：邯郸

一中每年 9 月 10 日设立一个"班主任节"，大力弘扬该校的优秀班集体中班主任的事迹，在校园中营造良好的尊师重教的氛围。我看后很受启发，其实我们每个人都有其自身的闪光点，要善于发现这些闪光点、弘扬这些闪光点，让每个闪光点带动、感染周围更多的人。为此，我在班级开展了一系列的"寻找闪光点、弘扬闪光点"活动。

①每年组织学生收看《感动中国》人物颁奖晚会，并让学生们写出观后感，选出优秀的文章在班级文化墙上展出。

②充分利用黑板报这一文化阵地，专人负责，定期更换，主题鲜明，突显其德育功能。

③每周班会课开设一个《美文共赏》环节，让每位同学按学号顺序提前准备好一篇自己喜欢的励志文章在班会课上与大家分享。

④评选上一年度感动三八二班人物（结合三好学生、优秀团员、优秀干部的评选活动）。

⑤每学期初开展"闪亮自我"活动。要求每人写一条自己的优点，然后在班级文化墙上展出。如 2006 年 2 月，我让三八二班学生写的他们的优点：尹航（懂得大量军事方面的知识）、高宇（性格开朗些了）、朱倩（遇事沉着）、任毅（乐于助人）、李浩（不迟到，待人真诚）、白宇（关心集体）、梁乐乐（遵守纪律）、史得胜（善于思考与人际关系好）、何立超（踏实、肯干）、穆魏（感情丰富、有怜悯心），等等。

⑥设立好人好事情报站。站长是班主任，组员是班内每个学生。要求是每个学生每天都要注意观察班内外本班学生所做的好人好事，及时上报，我会及时表扬。

通过以上一系列活动，班级内的不和谐因素少了，班级的风气更正了，班级更加团结、奋进了。陶行知老先生曾说过"生活即教育"，因此，我们每个教育工作者都要学会用身边的人去感染身边的人，用身边的人去带动身边的人。上面的方法也许有些"老了"，但是，笔者认为："越是传统的越是经典的。"

■ 4.10 引导学生自我教育

4.10.1 四三七班语录

以前，笔者让学生们在班会课上观看《变形计》后德育效果并不明显，近日笔者除了让学生们观看《变形计》外还要求他们写出观后感，之后再把全班同学分成六个组（每组选出一位主持人和书记员），分组讨论交流观后感，然后再进行全班交流，最后把文章中学生们认为的好句子摘抄下来形成四三七班语录。

每个人都有每个人存在的价值，不论是好是坏，是为他人做正面榜样还是为后代树立反面典型，取决于自己，但评价由后人填写。

——李瑞丰

为了网络而抛弃了学业，是城市的繁华影响了他吗？我想他不像石宏强那样缺少父爱，却缺少了学习的劲儿，缺少了对父亲苦心的理解。

——周梦晓

希望每个孩子都健康成长，成为栋梁之材。

——梁宇

我只需去学习，不用关心任何家庭琐事，却仍不认真学习；不珍惜自己拥有的优良的生活条件，仍在抱怨自己的不如意，不如人，我实在不应该这样做。

——李雨辰

也许，生活中有了磨难，才是完整；有了责任，才是完美。

——韩丹丹

我希望我还可以做得更多，像那山里的孩子一样，尽管我做得很渺小，但我会一天天积累的，希望爸妈能感受到我长大了，我爱他们。

——门月

我们应该理解有时父母对我们的批评都是为了让我们更好地发展。

——代姝菡

也许那些需要我们帮助的人太多太多，以至于我们无法各个帮助，所以我们珍惜拥有的。

——王秀萍

尽力为父母分担一些家事，学会关心父母，学会知足。"If you do, you can."

——伍爽

这暴露了家长对孩子的教育失当，与孩子的交流甚少，只是一味去要求孩子达到自己的期望，而并没有真正地去考虑孩子的感受。

——宋泽伟

这么好的条件，我们有什么理由还不去学习呢？现在回想起来很是愚蠢，从今以后，我要慢慢改正过来，与我的心来个彻底的交换。

——李进

铭记珍惜，珍惜现在所拥有的，多为他人着想，把心放宽，学会感恩与回报，体谅理解父母。

——刘玉晗

今天，才明了，其实她给的是一种爱，叫作严爱，其实他所付出的，是为了我更高的物质生活。

——程亚楠

如果换一换站在别人的角度，也许明白有些事自己糊涂，用心去看清楚曾犯的错误，告诉命运，我们没有输。

——郭倩

他们付出的是一种责任，所以我要学会感恩。我也曾想过上大学打工，但大部分是觉得好玩，还有一部分是好奇，体验新鲜刺激，但如果真的让我养家糊口，我肯定做不来，吃不了苦，爱抱怨应该是这一代大部分人的通病吧，珍惜现在，努力学习。

——李瑶

因为有这个工作，就需要有人去做，正是因为这样，所以我尽量地体谅他们，减少他们的负担，看完这个片子后，觉得我平常的抱怨根本就不应该啊。

——赵晓娜

他没有抱怨，他没有机会去体验被爱的感觉，假如是我，我能吃得了这苦吗？我不敢确定，那我就要珍惜现在良好的条件学习，长大后，回报社会，学会给予爱，承担责任。

——刘洪

人为什么偏偏要走到最糟的一步之后才清醒呢？

——张婷婷

对于家长的整日操劳，我们要懂得感激，因为父母是在用经验把我们人生的道路铺得更加平坦，不要在失去后才懂得珍惜。

——杜宇虹

其实父母的爱都是一样伟大无私的。

——秦琪

看来环境真的可以磨炼人。

——郝逸飞

生活中会有许多挫折，但我们需要去理解，因为那是我们的责任。

——张雪琪

想要成功，就要靠自己努力，拥有的，我们一定要珍惜。

——曹鹏

愿少年能够把这一种与生俱来的"压力"变成他成功的动力。我们也要珍惜眼前幸福的生活，珍惜父母的爱。

——彭睿

对于责任，我们只是简单的两个字——学习，而我们又是怎样对待的呢？只能说，不要让自己后悔。

——王卓璇

或许是农村质朴的爱打动了胡耿，或许是胡耿感受到了父母打自己，骂自己，完全是因为爱自己，总之，一次次的冲破底线，使胡耿对生活、对爱、对家人又有了全新的认识。

——连悦竹

当花朵失去了往日的光华，当翠叶失去了往日的青翠，当天空失去了往日的蔚蓝，我们，能做什么？学会珍惜。

——王璇

在自己最需要疼爱和关怀的时候，却要学会怎样去爱别人。

——龙菲

石宏强和他妈妈的坚强和淳朴，深深打动了我，让我也下定决心要"变形"做一个负责任、坚强、上进的人！

——薛新宇

虽然父亲给不了母亲那样温柔而直接的爱，但我们不能否认，父亲的一些爱是母亲无法替代的。当我们埋怨家里没这没那，为了一点小事和父母争吵时，我们不妨想想那些在农村受苦的孩子，那时我们会了解其实我们很幸福。

——张天立

作为城市的孩子，我们常常给那些乡下的孩子一种高素质、有文化的形象，而今乃反不能及，其可怪也欤？

——李洋

现在才明白挣钱多么不容易，很庆幸我生活在这样的家庭里，父母赐予我的一切都应该感激他们。

——张悦

这就像是给一个嫌衣服不漂亮的人看没有衣服穿的人一样，想让他体会到自己身在福中不知福。

——张笑飞

一次看似简单的人物换位却带来了无数人心底的震撼，眼睛是心灵的窗户，泪水又将是什么呢？雨乃天赐，天恩何报？我想，雨过之后，你我心里定会生出嫩绿的芽。

——贾建腾

农民走出大山后，要一直追求更好的生活，而生在城市的人要利用现有的基础作基石，成为更优秀的人。

——李李季

我们要学会感恩，感恩父母、家人、朋友。学会微笑，学会知足，为自己的将来奋斗。

——杨莹

我不缺少一颗温暖的心，可我却不懂去给爸爸妈妈温暖，我觉得我要学会的是对生活的态度和该怎样做人。

——王栋

既然有父母天天在身边爱你，就不要轻易伤害他们，衣食无忧的生活，让我们少了那份应有的责任心，我们没有理由不好好学习！

——朱晓艺

■ 4.11 自我情绪管理

通过学习于老师的《教海泛舟，学做人师》一文，笔者深深地感受到了于老师对教育的一往情深，对业务锲而不舍的钻研精神，对学生无微不至的关爱。

在业务学习上，于老师在文中谈到：在着力打好基础的同时，广泛寻找借鉴，从中探索教育教学入门的途径，比如在记忆中搜索，在比较中学习，在教育论述中寻觅等。这些方法对于笔者——一名年轻教师在业务上快速的进步大有启发。对于本科毕业的我们基础应该是可以的，关键就是在教育教学中的学习与借鉴。其实，在我们身边就有很多优秀的老教师值得学习，如王老师、张老师等，他们从备课、讲课、课下辅导，练习、作业批改与反馈各个环节都值得我们研究学习。记得老李校长曾说过：作业必须要批改，并且要及时反馈，晚了效果就不好。还有在互联网发达的今天，较之以前，应该说我们获得教育教学的信息咨询更加快捷、方便了，但我们扪心自问，当我们坐到计算机前打开计算机时，我们在做什么……网络本应成为年轻人成长的助推器，现在却成为一些年轻人的绊脚石、拦路虎！倘若真能像于老师所说广泛搜集借鉴，通过现代网络，我们定会成长得更快、更好！

■ 4.12　爱国情怀　立德树人

具有光荣爱国主义传统的保定三中，以德为先，立德铸魂，将爱国主义融入教育教学全过程，培育学生的爱国情怀，从上好每一节班会课开始，培养时代新人。每逢重要国家纪念日，笔者都把它变成一堂爱国主义教育课，让学生们感受到学校的魂——爱国。

在抗日战争胜利 70 周年之际，笔者作为班主任写了一篇演讲稿《纪念 反思 崛起》，利用班会课给大家倾情朗诵，引起了学生的强烈反响，达到了良好的预期效果！

纪念　反思　崛起

今天，在这个不平凡的日子里，我们来共同纪念抗日战争的伟大胜利，祭奠英烈英魂。

一段岁月，波澜壮阔，刻骨铭心。

一段历史，引人深思，启迪未来。

难忘啊！70 年前，经过了 14 年浴血抗战，中国人民终于打败了侵略者，取得了抗日战争的伟大胜利！凶残的日本侵略者终于向中国人民低下了头，那血红的"太阳旗"被牢牢地钉在了历史的耻辱柱上。

在纪念抗日战争胜利 70 周年之际，回顾历史，我们还要深深地反思和警醒。一个泱泱大国，70 多年前，为什么会被一个仅有弹丸之地的小国家践踏蹂躏呢？那一幕幕惨无人道的暴行，中国人民永远都不会忘记！

祖国母亲不会忘记！1931 年"九·一八事变"爆发，日本强占我东三省大片国土，使我千百万同胞流离失所、无家可归。1937 年 7 月，"七·七事变"发生，日本侵略者挑起事端，全面侵华，使我千年古国山河破碎、生灵涂炭。

家乡父老前辈不会忘记！1937 年 9 月，日军派遣大批飞机对保定市区狂轰滥炸，顷刻间一片废墟，炸死我市市民 2 000 多人，酿成当时最大的惨案。

1943 年秋，日军荒井大队疯狂扫荡我冀中山区根据地，挥舞血淋淋的屠刀，残杀群众近千人，制造了骇人听闻的"平阳惨案"。

祖国母亲不会忘记！14 年的抗战中，我国遇难同胞达 3 500 多万人，经济损失达 6 500 亿美元。

历史的屈辱，民族的灾难，我们——永远不会忘记！

为什么日本侵略者能在中国的土地上横行 14 年之久？

为什么祖国和家乡会有这么多亲人惨死在日寇的铁蹄之下？

那是因为，当时的中国落后、软弱，而落后和软弱就要被欺凌，就要被侵占，战争是国家之间实力的较量，更是综合国力的较量。

今天，坚持改革开放的中国，经济发展突飞猛进，综合国力已有明显提高；同样，受到战争毁灭性打击的日本，很快也从战争的废墟中恢复过来，成为世界经济强国，成为我国经济发展的挑战者！

这一切，难道不值得我们深深地思考吗？

这一切，时刻启迪着我们——还不能高枕无忧啊！

祖国抗战胜利的经验教训充分说明，强大国力是一个国家免受外来侵略和压迫，独立自主于世界民族之林的根本保证；改革开放、发展经济则是实现国家强大、民族复兴的根本途径！

今天，祖国大地上的战火硝烟早已散尽，但振兴中华民族依然是我们的神圣使命；未来，要把中华民族精神传承下去，培养更多、更优秀的建设人才，作为一个年轻的教育工作者，我感到肩上的责任很重、很重。

前车之辙，不可复蹈。以史为鉴，共建强国！

牢记历史，不忘过去。珍爱和平，振兴中华！

■ 4.13 自我反思 自我提升

作为一名新教师，从一年多的新教师工作实践中，笔者收获很多，有经验，有教训，有挫折，也有喜悦，最大的体会是老师间的竞争合作提高了自己的能力，也体会到对学生的任务要落实到位才能保证他们的成绩。要教育好一个学生不难，但是要教育好整个班50多个学生就必须真正全心全意付出。

首先在思想上严格要求自己。"学高为师，德高为范"，在学生心目中树立严厉和亲切的威信，在道德行为上以身作则。在教学方面，要有扎实的专业知识和广阔的知识面，认真负责，虚心请教，提高教学水平，做好备课。新教材注重培养学生的实际操作能力，和生活更加贴近，这就要求老师在备课讲课时加入生活元素，还要了解学生原有的知识水平，学习方法、习惯。笔者接手高二的三个文科班后，首先做的是通过课堂观察、课后了解和测验了解他们的基础，预测他们学习新知识会有哪些困难，采取相应的措施并考虑教法，包括如何组织教材，如何安排每节课的活动，并且与备课组的老师互相研究参考。

课堂教与学的效率是关键。在课堂上要合理组织好内容，优化教学手段，发挥学生的主动性，关注全体学生，注意信息反馈，创造良好的课堂气氛。但同时要注意对学生做到收放自如，不能让学生过于活跃，否则不利于控制课堂纪律，进而影响学习的效果。课后辅导是一个重要的环节。部分学生缺乏自控能力，常不能按时完成作业，有的甚至抄作业。针对这种问题，就要抓好学生的思想教育，并将其贯彻到对学生的辅导和帮助工作中去。

为了提高整体教学质量，要对学生分类进行适当的培优辅差活动。对于中等生，主要是增强他们的自信心，培养他们的自学能力，启发他们的思维，如布置一定的任务，让他们自己讨论解决，然后老师引导他们归纳总结。对后进生，让他们端正思想，重视学习，然后抓基础，组织他们进行小组间的竞赛，增强他们的兴趣及自信。

兴趣是学习的最佳动力，要长时间地使学生对某一学科保持兴趣，光靠课堂上的教学是不可能做到的，还需要老师开展多样的第二课堂活动来实现。在这样的活动中学生的整体性、实践性、实效性、自主性和合作性都能得到体现和促进。在活动中注意结合学生在课本上学到的知识，把课堂拉到生活中；同时，在活动中加强教师之间的合作，增强教学效果。

作为一名新教师，笔者最大的不足是缺少经验，对考点难点把握不住。学校"结对子"的政策很大程度上弥补了这一不足。每次老教师听课，笔者都虚心请教他们，针对自己存在的问题努力改正，调整教学方法，积极听老教师和其他老师的课并参与评课，向同行学习教学方法。

每个新老师都有一个信念：我要干出成绩。笔者还有一个信念：只要是我选定的就会坚持做到最好。选择了这个职业，所以会争取做个好老师，现在需要的是学习加方法加勤奋。踏实干，有艺术地干，希望在未来的日子里，能在各位领导、老师、前辈的指导下，取得更好的成绩。

结 语

魏书生曾说过："管理是集体的骨架。"有良好的管理，事情才会有头有绪，集体才会像一台健康的机器有序地运转。"管理就是沟通、服务和引领。"习近平总书记在北京市八一学校与教师座谈时，提出"广大教师要做学生锤炼品格的引路人，做学生学习的引路人，做学生创新思维的引路人，做学生奉献祖国的引路人"。作为新时代的新入职班主任就是要做好跟同学们之间的沟通、服务和引领工作。从某种意义上讲，沟通、服务和引领强调的就是实践，唯有实践才能促我们发展。在前面本研究通过多角度对"新入职班主任有效班级管理"进行探索并提出了相应对策，只有把这些对策应用于实践中，我们才能不断进行新的探索。

■ 附录 1

新入职班主任班级管理现状调查问卷

亲爱的同学们：

你们好！此问卷是为了了解本班的班级管理现状而设计的，目的是寻求"班主任""学生"和"班级"三者协调发展的良性模式，同时了解你们的心声，以便于今后更加顺利地开展班级建设工作。请大家仔细阅读，并在答题卡上涂写相应选项。在此，真诚感谢你们的帮助与合作！

一、关于班级日常管理状况

1. 每天早晨班主任督促作业、值日情况如何？（　　　）

A. 经常　　　　　　　　　　B. 有时

C. 很少　　　　　　　　　　D. 不怎么进班

2. 课间时班主任进班情况如何？（　　）

A. 经常　　　　　　　　　　B. 有时

C. 很少　　　　　　　　　　D. 不怎么进班

3. 课间自习时班主任的到班情况如何？（　　）

A. 每天巡视或小结　　　　　B. 经常进班说事

C. 进班但很少说事　　　　　D. 很少进班

4. 晚自习前（不含班主任的晚自习），你的班主任老师是否经常到班检查出席情况？（　　）

A. 常来　　　　B. 不常来　　　　C. 几乎不来

5. 卫生大清扫时，你的班主任老师在吗？（　　）

A. 在　　　　B. 不在　　　　C. 有时不在

6. 你很在意班主任老师是否到班吗？（　　）

A. 很在意　　　　B. 不在意　　　　C. 说不清

7. 你认为你们班自习纪律如何？（　　）

A. 安静，无噪声

B. 有时有小声研究问题现象

C. 预习不安静，经常嘈杂，有大声说话现象

D. 自习一直有说话、睡觉和看小说、玩手机等不良现象，老师在与不在反差很大，学生意见很大

8. 你认为你们班卫生状况如何？（　　）

A. 整洁干净保持良好

B. 基本能按时打扫，保持也较好

C. 室内外卫生打扫有时不及时，保持也较差

D. 教室打扫不及时、不彻底，影响教育教学秩序，而且平时保持差，地面有纸屑和垃圾堆放

9. 你对你们班班委会是否健全、凝聚力和工作能力评价如何？（　　）

A. 组织管理能力强，能团结协作

B. 组织管理能力较强，基本能团结协作

C. 组织管理能力一般，不能很好协作

D. 不积极主动管理，应付差事

10. 你对你们班班主任对班级常规管理（班干部维持纪律、卫生值日、作业检查等）制度落实情况评价如何？（　　）

A. 方法得当，针对性强，工作扎实成效大

B. 制度落实基本到位，督促检查力度一般，管理效果较好

C. 班级有具体制度，但执行不得力，本班一些典型问题未能根治，管理效果较差

11. 你认为你们班班主任对"学风、班风"整顿中违纪学生的处理如何？（　　）

A. 班主任责任心强，耐心细致，不隐瞒、不放弃，说服转化，措施得力，教育效果良好

B. 班主任责任心较强，教育和处理问题力度一般，方法简单，基本能履行班主任职责，管理效果一般

C. 班主任未能履行严肃教育和转化违纪学生的职责，违纪学生得过且过，屡屡违犯班规校纪，管理效果较差

12. 你认为你的班主任老师将班级工作的重点放在哪里？（　　）

A. 学习方面

B. 常规管理方面

C. 思想教育方面

D. 其他方面

13. 班主任在班风建设上的做法是什么？（　　　）

A. 注重平时说教，要求检查及时

B. 善于利用典型事例，进行分析、指导

C. 有要求但落实差，不怎么见效

D. 没有主动去做

14. 班主任对班内暴露出来的集中问题如何处理？（　　　）

A. 及时处理，常抓不懈

B. 也忙于解决，但效果不好

C. 不太在意这些问题

D. 总是回避或轻描淡写

15. 在班级荣誉及班级间友好竞争的问题上，班主任如何处理？
（　　　）

A. 给学生提要求

B. 经常进行比较、小结

C. 对问题不放过

D. 无所谓

二、关于新入职班主任班干部管理

16. 对于班干部的产生，你们班的方式是什么？（　　　）

A. 学生自荐，公开竞选　　　　　B. 班主任先任命

C. 学生推荐，民主选举　　　　　　D. 不关心此事

17. 你们班班主任在班级管理中是否安排了学生干部协助值日检查？（　　　）

A. 安排学生干部检查

B. 没有安排学生干部值日

C. 有安排，但是从不过问

18. 你的班级里班主任老师是否组织班级干部定期开会？（　　　）

A. 是　　　　　　　　B. 不是

C. 只有涉及学校布置的工作时开

19. 班主任如何指导学生干部工作？（　　　）

A. 计划性强，分工负责，团结协作较好

B. 一般性指点，临时性强

C. 不怎么过问

D. 表示出不满

三、关于新入职班主任班级管理中师生关系状况

20. 你觉得你的班主任了解你、关心爱护你吗？（　　　）

A. 很关心，处处为我们着想

B. 一般化，看不出来

C. 不太关心我们

21. 你和你的班主任老师单独谈过话吗？（　　　）

A. 谈过　　　　　　　　　　　B. 没有谈过

22. 你是否觉得自己偶尔有心事的时候可以和班主任老师倾诉？

（　　　）

A. 可以，像知心朋友一样

B. 不可以，有许多担心

C. 有选择地和他（她）讲

23. 当你学习退步的时候，你的班主任会如何处理？（　　）

A. 不批评，帮助分析原因

B. 与我谈心，给我安慰与鼓励

C. 给我严厉的批评

D. 不找我，从不关心我的成绩

24. 你生病的时候，你的班主任会如何处理？（　　）

A. 电话慰问   B. 派同学来看望

C. 亲自探望   D. 不采取任何措施

25. 当你有困难或烦恼时，班主任老师会帮助你吗？（　　）

A. 会

B. 有时会，有时不会

C. 不会

26. 班主任处理违纪行为的措施中，你的班主任使用最多的是什么？（　　）

A. 通知家长

B. 适当处罚，如打扫卫生、罚站、跑步，甚至罚款

C. 体罚

D. 挖苦讽刺，粗暴训斥

27. 如果你犯了错误，你的班主任老师的第一反应是什么？（　　）

A. 罚站   B. 个别耐心教育

C. 当着全班同学的面严厉批评   D. 没什么反应

28. 班主任对你们的日常行为规范教育怎么样？（   ）

A. 经常   B. 只在班会上讲

C. 偶尔   D. 很少

29. 你们班级纪律情况如何？（   ）

A. 很好   B. 较好   C. 一般   D. 差

■ 附录2

关于班级管理问题对新入职班主任的访谈提纲

（1）您在当班主任时，一定或多或少地遇到困难，那么对您来说目前最大的困难是什么，以及您是如何解决的呢？

（2）在班级管理过程中，您是如何让学生更好地接受自己的呢？

（3）在教育过程中，一定会有茫然困惑的时候，您是如何坚持这份工作并保持职业热情的？

（4）不同的学生有不同的性格，针对班集体中个性差异的学生，您是如何对待的？

（5）班集体中，相比之下一定会有学习能力有所欠缺的学生，那请问您认为应用怎样的态度对待这部分学生，以及通过何种方式来提升他们的学习能力呢？

（6）从事班级管理工作，您最为印象深刻的事，可以简单谈一谈吗？

参 考 文 献

著作类

［1］魏书生. 班主任工作漫谈［M］. 桂林：漓江出版社，1993.

［2］陈向明. 质的研究方法与社会科学研究［M］. 北京：教育科学出版社，2000.

［3］袁振国. 教育科学研究方法［M］. 北京：高等教育出版社，2000.

［4］［苏］苏霍姆林斯基BA. 给教师的建议［M］. 杜殿坤译，北京：教育科学出版社，2006.

［5］教育部. 中共中央关于改革和加强中小学德育工作的通知［M］. 北京：人民出版社，1988.

［6］贺乐凡. 中小学教育管理［M］. 上海：华东师范出版社，2000.

［7］林冬桂，张东，黄玉华. 班级教育管理.［M］. 广州：广东高等教育出版社，2000.

［8］白铭欣. 实用班主任学［M］. 南京：江苏教育出版社，2007.

［9］钟启泉. 班级管理理论［M］. 上海：上海教育出版社，2001.

［10］吴清山. 班级经营［M］. 新北：心理出版社有限公司，

1990：7.

［11］李园会．班级经营［M］．台北：五南图书出版公司，1990.

［12］朱文雄．班级经营［M］．高雄：复文图书出版社，1995：7.

［13］方炳林．普通教学法［M］．北京：文物出版社，1976.

［14］李祖寿．教学原理与教法［M］．台北：大洋出版社，1979：169.

［15］教育部．中小学班主任工作规定［M］．北京：人民出版社，2009.

［16］教育部．国家中长期教育改革和发展规划纲要（2010 – 2020 年）［M］．北京：人民出版社，2010.

［17］黄兆龙．现代学校管理学新论［M］．北京：中国经济出版社，1994.

［18］中共中央宣传部．习近平新时代中国特色社会主义思想学习纲要［M］．北京：人民出版社，2019.

期刊类

［1］李子建，尹弘飚．反思课程与教学的关系：从理论到实践［J］．全球教育展望，2005（1）：50 – 55.

［2］陈云军．课堂管理中的有效惩罚与无效［J］．中小学教师培训，2005（1）：57 – 59.

［3］吴艳茹．中小学教师课堂管理行为的模型建构与调查研究［J］．天津师范大学报（社会科学版），2003（1）：74 – 80.

［4］王隐清. 课堂管理理论体系［J］. 课程教材教法，2005（4）：24 – 26.

［5］余文森. 新课程的教学改革：成绩、问题与反思［J］. 集美大学学报，2004（3）：46 – 52.

［6］温欣荣，薛国凤. 课程改革背景下基础教育问题的反思［J］. 课程教材教法，2005（8）：11 – 17.

［7］张金芳，刘秀英. 课堂教学中的师生冲突刍议［J］. 龙岩师专学报，2004（4）：126 – 128.

［8］杨文圣. 试析发散思维是创新思维的核心［J］. 衡水师专学报，2003（12）：64 – 66.

［9］殷波. 新课程与教师专业化发展的思考［J］. 继续教育研究，2002（4）：62 – 64.

［10］李燕杰. 更新观念，完善学生空间想象能力的培养［J］. 数学教育学报，1996（6）：57 – 60.

［11］林美筹. "捣蛋"班级课堂管理［J］. 广西教育，2003（3）：10.

［12］曾康保. 数学生活化的方法［J］. 现代中小学教育，2008（9）：27 – 29.

［13］罗雅萍. 成功的课堂来自教师的有效行为［J］. 湖州师范学院学报，2002（4）：81 – 83.

［14］蔡宝来，车伟艳. 国外教师课堂行为研究：热点问题及未来趋向［J］. 课程教材教法，2008（12）：82 – 87.

［15］环立忠. 基于建构主义的有效课堂［J］. 现代中小学教育，

2008（7）：20－23.

[16] 文学荣. "学做导合一"高效课堂教学策略 [J]. 教学理论与实践，2011（7）：50－51.

[17] 袁晓琳. 成长要趁早——写给新入职班主任的一封信 [J]. 班主任之友，2012（6）：118－119.

[18] 贾永春. 刍议班主任培训体系 [J]. 思想理论教育，2009（24）：37－40.

[19] 田丽霞. 幸福生活从这里开始——写给新入职的班主任 [J]. 班主任，2010（9）：47－49.

[20] 卢玉梅. 班主任有效管理策略 [J]. 华章，2011（8）：115.

[21] 喻东风. 浅析班主任培训上岗制的实施 [J]. 教学与管理，2000（4）：10－11.

[22] 周学君. 当前班主任有效工作模式构建的途径分析 [J]. 考试周刊，2009（5）：225.

[23] 春莎. 关于新班主任成长的思考 [J]. 江西教育，2011（7）：16.

学位论文类

[1] 杨国鹏. 我国中小学课堂管理的现存问题与对策研究 [D]. 重庆：西南师范大学，2003.

[2] 刘家访. 有效课堂管理行为研究 [D]. 重庆：西南师范大学，2002.

[3] 贾秋侠. 初中班级管理有效性的研究 [D]. 北京：首都师范

大学教育学院，2007：（1）.

［4］刘娟．高中数学课堂有效管理研究［D］．长沙：湖南师范大学，2012.

［5］张超．中学班级管理的现状及其对策研究［D］．济南：山东师范大学，2011.

［6］周世杰．班主任与班级管理［D］．上海：上海师范大学，2011.

［7］常燕．无边界管理理念在班级管理中的应用研究［D］．上海：上海师范大学，2009.

［8］陈芳敏．中学班级管理中存在的问题及其对策研究［D］．武汉：华中师范大学，2003.

［9］刘建．班级管理创新研究［D］．武汉：华东师范大学，2006.

网络类

［1］百度百科．文献研究法［EB/OL］．http://baike.baidu.com/view/1682460.htm.

［2］百度百科．问卷调查法［EB/OL］．http://baike.baidu.eom/view/222624.htm.

［3］百度百科．访谈法［EB/OL］．http://baike.baidu.com/view/677511.htm.

致　谢

在本书即将完成之际，谨此向河北大学杨志刚教授和全国优秀教师张志利老师致以衷心的感谢和崇高的敬意！本书编辑工作是在杨老师和张老师的悉心指导下完成的。二位老师以他们敏锐的洞察力、渊博的知识、严谨的治学态度、精益求精的工作作风给我留下了深刻的印象，这些使我受益匪浅，并将成为我终身献身教育事业的动力。

在编写本书的这几年里，两位老师不仅为我创造了优越的科研和学习环境，使我得以在教育教学领域中自由翱翔，同时在思想上、人生态度和意志品质方面给予了谆谆教诲，这些教益必将激励我在今后的人生道路上奋勇向前。

衷心感谢同事对我的关心、支持和理解，没有他们对我的关心、鼓励和支持，我无法完成现在的书稿。

最后，感谢曾经教育和帮助过我的所有老师。衷心地感谢为本书出版而付出宝贵时间和辛勤劳动的专家和教授们！

由于编者水平有限，时间仓促，本书尚存不足之处，恳请广大读者批评指正。

李　军
2019 年 11 月